Extrait de la Revue Algérienne, Tunisienne et Marocaine

DE LÉGISLATION ET DE JURISPRUDENCE

(Numéro d'Avril 1913)

ÉTUDE SUR LA PREUVE PAR ÉCRIT

D'APRÈS LE DROIT CORANIQUE

PAR

Ed. NORÈS
*Substitut du Procureur de la République
à Oran*

H. POMMEREAU
*Interprète judiciaire au Tribunal civil
de Batna*

ALGER

TYPOGRAPHIE ADOLPHE JOURDAN

IMPRIMEUR-LIBRAIRE-ÉDITEUR

Place du Gouvernement

1913

Extrait de la Revue Algérienne, Tunisienne et Marocaine

DE LÉGISLATION ET DE JURISPRUDENCE

(Numéro d'Avril 1913)

ÉTUDE SUR LA PREUVE PAR ÉCRIT

D'APRÈS LE DROIT CORANIQUE

PAR

ED. NORÈS
*Substitut du Procureur de la République
à Oran*

H. POMMEREAU
*Interprète judiciaire au Tribunal civil
de Batna*

ALGER

TYPOGRAPHIE ADOLPHE JOURDAN

IMPRIMEUR-LIBRAIRE-ÉDITEUR

Place du Gouvernement

1913

EXTRAIT de la « Revue Algérienne, Tunisienne et Marocaine »
DE LÉGISLATION ET DE JURISPRUDENCE
(Numéro d'Avril 1913)

ÉTUDE SUR LA PREUVE PAR ÉCRIT
D'APRÈS LE DROIT KORANIQUE

Note préliminaire sur l'exégèse koranique

Si le Koran n'est pas, au point de vue « quantité », la plus importante des sources du droit musulman, il n'en doit pas moins, et de beaucoup, être placé au premier rang de ces sources si l'on envisage leur « qualité ». Ceux des versets du livre saint qui traitent expressément des points de droit sont en nombre extrêmement restreint, tout au plus une centaine (1) : mais le texte sacré étant considéré comme la parole même de Dieu, les quelques règles juridiques qu'il formule prennent par cela même une importance capitale et constituent la base de la science du droit.

Il est donc absolument essentiel, pour l'étude un peu approfondie de la législation islamique, non-seulement de connaître exactement ces règles, mais de savoir comment elles doivent être comprises et interprétées et quels sont exactement leur sens et leur portée. Or, l'exégèse koranique est une science fort difficile, — la première de toutes aux yeux des musulmans, — qui s'étudie d'après des règles délicates et compliquées dont nous voudrions donner ici un aperçu.

Et d'abord, il faut savoir qu'on distingue deux sortes d'exégèse koranique : l'une, le *tafsir* proprement dit, est le résultat de la tradition ; elle explique les versets à l'aide soit de ceux antérieurs ou subséquents, soit du sens que leur ont attribué les Compagnons du Prophète, soit des circonstances qui ont entouré leur transmission ; l'autre, le *taouil*, est basée, à l'exclusion de tout moyen extrinsèque, sur la seule connaissance de la langue arabe ; d'après la mystique, le taouil dévoile le sens caché des mots et des phrases du Koran. Toutes deux doivent d'ailleurs être pratiquées conformément à l'opinion

---

(1) V. Norès, *Essai de codification du Droit musulman*, p. 109.

Dans son livre *Harmonie du monde et des peuples, ou la haute philosophie musulmane* (Le Caire, 1905), un auteur moderne, le professeur Tantaoui, fixe le nombre de ces versets à 150.

que l'avis des grands docteurs et le consentement de la communauté islamique ont rendue orthodoxe. Une double condition est en effet requise de celui qui entreprend de commenter le Koran, à savoir la science, et le respect des interprétations orthodoxes, car le Prophète a dit : « Celui qui parle du Koran sans science aura une place en enfer », et : « Celui qui parle du livre de Dieu d'après son opinion commet une erreur » (1).

Comme il se trouve dans le Koran un certain nombre de passages contradictoires, les docteur musulmans préviennent tout argument que l'on pourrait tirer de ces antinomies par la doctrine de l'abrogation, d'après laquelle Dieu a d'abord donné dans le Koran plusieurs préceptes qu'il a ensuite rétractés, les circonstances qui avaient nécessité leur promulgation s'étant modifiées (2). On distingue trois espèces de passages ainsi révoqués : ceux dont la lettre et l'esprit sont abrogés ; ceux dont la lettre est abrogée, mais dont l'esprit reste; et enfin ceux dont l'esprit est abrogé, bien que la lettre ait subsisté.

Comme exemple des versets de la première espèce, on cite le suivant : « Si un fils d'Adam possédait deux rivières d'or, il en convoiterait une troisième, et s'il en possédait une troisième, il en convoiterait une quatrième : la terre seule pourrait satisfaire sa convoitise. »

On cite, pour exemple de la seconde espèce, le verset dit de la lapidation, qui a aujourd'hui disparu du Koran, et qui s'exprimait ainsi : « Si un homme et une femme bien réputée commettent un adultère, vous les lapiderez tous les deux » etc... (3).

---

(1) Pierre Arminjon : *Les Universités musulmanes d'Egypte*, p. 226.

(2) G. Sale, *Introduction à la lecture du Koran*, trad. Ch. Solvet, p. 125.

(3) D'après Ibn Hazem, jurisconsulte qui vivait au Vᵉ siècle de l'hégire, il faudrait traduire : « Si un homme marié et une femme mariée commettent un adultère », etc... (*Livre de la connaissance des versets abrogeants et abrogés*, tome II, p. 129).

Voici dans quelles circonstances fut formulée cette prescription de la lapidation, d'après Ennahas. On rapporte que des Juifs vinrent trouver le Prophète et lui dirent :

« Un homme et une femme de votre peuple ont commis l'adultère. »

« Que trouvez-vous, dans la Bible, au sujet de la lapidation ? répondit le Prophète. »

« Nous devons, reprirent-ils, leur appliquer la peine du fouet, et ils seront déshonorés. »

Les versets de la troisième catégorie (1) sont de beaucoup les plus importants, puisqu'ils subsistent intégralement dans le texte sans que rien fasse connaître qu'ils sont abrogés, de telle sorte qu'à chaque pas on est exposé à prendre comme ligne de conduite, si l'on n'est pas profondément versé dans la science koranique, une prescription révoquée par Dieu (2) : par où l'on voit qu'il ne suffit pas de lire une traduction du Koran, fût-elle rigoureusement exacte, pour être fixé sur tel ou tel point de doctrine. Voici, à ce sujet, une curieuse et typique anecdote. Le général Menou, qui commanda l'armée d'Egypte après l'assassinat de Kléber, avait épousé une musulmane et, de retour en France, il réussit à la convertir au christianisme en lui lisant la traduction d'un passage du Koran, le verset 59 de la 11ᵉ sourate, où il est dit que tous ceux, même chrétiens ou juifs, qui auront cru en un seul Dieu et à la vie future seront-sauvés. La traduction était d'une exactitude impeccable : mais le malheur est que le sentiment général des docteurs musulmans est que ce passage a été abrogé par le verset 79 de la sourate 111, et par d'autres versets où la croyance en la mission de Mahomet est donnée comme indispensable au salut, et qui furent révélés à une époque où l'islamisme avait fait suffisamment de progrès pour qu'il ne fût plus nécessaire de ménager les chrétiens (3).

Mais Abdallah ben Salam leur dit : « Vous mentez, la Bible contient la peine de la lapidation pour ce crime ».

On apporta la Bible ; l'ayant ouverte, un juif qui se trouvait là, plaça sa main sur le verset relatif à la peine de la lapidation et se mit à lire les versets précédant et suivant ce verset. « Ote ta main du texte »; dit Abdallah ben Salam ; le juif enleva sa main du verset de la lapidation. Les juifs donnèrent alors raison au Prophète et celui-ci ordonna la lapidation. Abdallah ben Amor ajoute même avoir vu le Prophète jeter des pierres sur la femme.

Plus tard, cette règle de la lapidation fut abrogée par les mots : « Si vos femmes commettent l'action infâme, appelez quatre témoins » (IV, 19).

(1) Ces versets sont, d'après les auteurs musulmans, au nombre de 225. G. Sale, *op. cit.*, p. 126.

D'après Ibn Hazem, (*op. cit.*), le Koran renferme 43 sourates ne contenant ni versets abrogeants ni versets abrogés ; 6 contenant des versets abrogeants et pas d'abrogés ; 40 contenant des versets abrogés et pas d'abrogeants, et enfin 25 contenant à la fois des versets de l'une et de l'autre catégorie.

(2) L'anecdote suivante, racontée par Ennahas, montre bien toute l'importance que les musulmans attachent à la science de l'abrogation. Un certain Abderrahman ben Dab, ami du célèbre cadi Abou Moussa Elachaari, vint un jour faire un sermon dans une mosquée de Koufa, où il était très entouré, Le khalife Ali ben Abou Taleb, gendre du Prophète, lui demanda s'il connaissait la science de l'abrogation ; et sur sa réponse négative, il lui interdit de continuer son discours.

(3) O. Houdas, *L'Islamisme*, p. 79 et 88.

C'est une question fort controversée que celle de savoir quels sont les textes qui abrogent le Koran et la sounna (abrogation de passages du Koran par un autre texte du livre sacré ; du Koran par le Koran et la sounna, et enfin de la sounna par le Koran). D'après Ennahas (*op. cit.*), les cinq théories suivantes ont été formulées à ce sujet :

1° Des textes du Koran peuvent abroger des passages du Koran et la sounna : c'est l'avis des savants de Koufa ;

2° Des textes du Koran peuvent abroger des passages du Koran ; mais des passages de la sounna ne peuvent abroger des passages du Koran : tel est l'avis de Chafaï et d'autres auteurs ;

3° Des passages de la sounna peuvent abroger des passages du Koran et de la sounna ;

4° Des passages de la sounna peuvent abroger d'autrés passages de la sounna, mais un passage du Koran n'abroge pas un passage de la sounna ;

5° Enfin, Mohammed ben Choudja dit que les diverses opinions s'équivalent ; il ne peut donc donner son choix à l'une plutôt qu'à l'autre.

Voici maintenant les arguments donnés à l'appui de ces diverses opinions.

Les auteurs qui soutiennent que le Koran peut être abrogé par des textes du Koran et de la sounna, citent les extraits ci-après du Koran : « Prenez ce que le Prophète vous donne, et abstenez-vous de ce qu'il vous refuse » (LIX, 7) ; — « Que ceux qui désobéissent à ses ordres (du Prophète) redoutent un malheur et un châtiment terrible » (dans l'autre monde) (XXIV, 63) ; — « J'en jure par Dieu, ils ne seront point croyants jusqu'à ce qu'ils t'aient (Mohammed) établi comme arbitre de leur différend », etc... (IV, 68). — Tous les auteurs sont d'accord pour dire que les passages du Koran obscurs ont été éclaircis par le Prophète à l'aide d'explications qui équivalent au texte même du Koran ; il faut donc appliquer cette règle en matière d'abrogation. Ces auteurs citent encore d'autres versets qu'ils interprètent dans le sens de leur opinion.

Les auteurs qui soutiennent que le Koran ne peut être abrogé que par le Koran citent à l'appui de leur opinion les versets ci-après : « (Nous n'abrogerons aucun verset de ce livre).... sans le remplacer par un autre meilleur ou pareil » (II ; 100) ; — Dis leur : il ne me convient pas de changer de « mon propre chef.... » (X, 16) ; mais les partisans de la précédente opinion font observer qu'une abrogation (implicite) ne constitue pas un changement fait sur la propre initiative du Prophète, mais d'après une révélation contenue dans un texte autre que le Koran.

Les auteurs qui soutiennent que des passages de la sounna ne peuvent être abrogés que par d'autres de la sounna, se fondent sur ce que la sounna expliquant le Koran ne peut abroger celui-ci : mais il y a un argument contre eux, c'est que le Koran contient la preuve de la mission du Prophète, l'ordre de lui obéir ; dans ces conditions, comment ne serait-il pas abrogé par la sounna ?

Si la « science de l'abrogation » est indispensable à la saine interprétation du Koran, elle est loin d'être suffisante, et un verset, quel qu'il soit, ne peut être bien compris et fidèlement interprété que si l'on connaît les circonstances dans lesquelles il a été révélé, de telle sorte que l'étude du livre sacré ne peut être entreprise sans une abondante et très complète documentation historique. Prenons pour exemple le vin, dont l'usage est toléré par certains versets, réprouvé par d'autres. Le Koran contient trois textes relatifs à cet objet. Le premier est ainsi conçu :

« Ils t'interrogeront sur le vin et le jeu. Réponds : Dans l'un comme dans l'autre, il y a un grand mal et des avantages pour les hommes » (II, 216). La tradition rapporte qu'à la suite de ce verset, certains musulmans renoncèrent à l'usage du vin, tandis que d'autres continuèrent à en boire. Il arriva un jour qu'un individu voulut faire sa prière étant pris de boisson, et qu'il déraisonna, Mahomet donna alors le verset suivant :

« O croyants! Ne priez point lorsque vous êtes dans l'ivresse; attendez que vous puissiez comprendre ce que vous dites » (IV, 46).

Les musulmans qui s'abstenaient de vin devinrent plus nombreux après la promulgation de ce verset, mais certains persistèrent à en faire usage, jusqu'au jour où Omar, se trouvant ivre, saisit une mâchoire de chameau et en blessa à la tête Abd-er-Rahman, fils d'Aouf; puis il se mit à déclamer des vers blasphématoires dont voici la traduction :

« Mohammed nous promet bien que nous revivrons : mais comment des fantômes et des esprits pourraient-ils vivre ? Eh quoi! Il est impuissant à me préserver du trépas, et il me rendrait à la vie, alors que mes os seront tombés en pous-

sière ? Allons ! Qui fera savoir de ma part au Dieu miséri-
cordieux que je renonce à pratiquer le mois du jeûne ? Allons !
dis à Dieu qu'il m'empêche de boire, dis à Dieu qu'il m'empêche de manger ! »

Le Prophète, ayant appris ce qui se passait, sortit furieux
et, levant un objet qu'il tenait à la main, il en frappa Omar ;
c'est à ce moment qu'il prononça le troisième verset :

« O croyants, le vin, les jeux de hasard, les statues et le
sort des flèches sont une abomination inventée par Satan.
Abstenez-vous en, de peur que vous ne deveniez pervers. Le
démon se servirait du vin et du jeu pour allumer parmi vous
le feu des dissensions et vous détourner du souvenir de Dieu
et de la prière. Voudriez-vous devenir prévaricateurs ? »
(V, 92, 93).

Là-dessus, Omar s'écria : Nous nous en abstiendrons ! Nous
nous en abstiendrons ! »

Enfin, les hadits suivants sont venus encore accentuer la
défense : « Il n'entrera point en paradis, celui qui s'adonne
au vin. — La première chose que mon Seigneur m'a défen-
due, après le culte des idoles, c'est de boire du vin et de cher-
cher dispute aux gens. » (1).

Il est intéressant de noter ici que, dans les premiers temps
de l'Islam, une école, dite des Rafédhis, prétendit substituer
au sens littéral des textes du Koran une explication allégorique. Se fondant sur le verset 94 de la sourate V, aux termes
duquel « ceux qui croiront et qui auront fait le bien ne
seront pas considérés comme coupables à cause de ce qu'ils
mangent », ils soutenaient que les passages koraniques dans
lesquels est interdit l'usage des animaux morts naturellement,
du sang et de la chair de porc, ne sont que des expressions
figurées, qui désignent certains personnages qu'on doit avoir
en horreur, tels qu'Abou-Bekr, Omar, Othman et Moaouia.
De même, les habitants du paradis ne sont autres que certaines personnes pour lesquelles on doit avoir de l'attache-
ment, comme Ali et ses enfants ; dans le verset 63 de la sourate II : « Dieu vous ordonne d'immoler une vache », il est
question d'Aïcha, femme du Prophète ; le vin et les jeux de
hasard défendus par le livre saint sont Abou-Bekr et
Omar, etc... (2). Cette école paraît vouloir revivre de nos

____

(1) D'après *Al Mostatraf*, trad. G. Rat, II, 626 et 627.

(2) Silvestre de Sacy : *Exposé de la religion des Druzes*, Introduction, p.
47 et suiv. Ces Rafédhis, connus aussi sous le nom de Motazales, représentent
en somme le parti rationaliste de l'Islam, et ils faillirent, à la suite d'une

jours, et les musulmans les plus éclairés, notamment en Tur-
quie, soutiennent volontiers que certains passages du Koran,
en particulier la description des joies qui attendent les croyants
au paradis, doivent être entendus au sens métaphorique.

Ce serait donc se faire une dangereuse illusion que de
croire qu'on peut se servir du texte du Ķoran pour élaborer
des théories juridiques sans rechercher, à l'aide des commentateurs, la portée et le sens précis de ce texte, et il n'est pas
surprenant, étant donné l'importance capitale de cette science
exégétique, que les commentateurs soient légion. Mais cette
science elle-même ne saurait être abordée que par de vérita-
bles savants doués des connaissances les plus étendues. D'après
le célèbre commentateur Zamakhchari, les docteurs sont d'accord pour reconnaître que l'auteur d'un commentaire du
Koran doit posséder à fond quinze sciences, savoir : la lexico-
logie ; la syntaxe (1) ; la morphologie (2) ; l'étymologie (3) ;
la science des pensées, celle de l'exposition et celle des ornements (4) ; les lectures (5) ; les principes de la religion ; le
droit ; les causes de la révélation des versets ; l'histoire ; la
science des versets abrogeants et abrogés ; la législation, et
la science des hadits relatifs au commentaire des parties obs-
cures et vagues du Koran. Enfin, il lui faut encore des disposition particulières que Dieu accorde à qui il veut. Le même
Zamakhchari distingue le texte du Koran en allégorique et
littéral, l'allégorique comprenant les passages obscurs, para-

---

lutte acharnée contre les quatre écoles orthodoxes, prendre le dessus entre
le troisième et le quatrième siècle de l'hégire : voir à ce sujet A.-F. Mehren,
Exposé de la réforme de l'Islamisme par Abou-L'Hasan Ali el-Ashari (Leyde,
Brill, 1878).

(1) La syntaxe arabe est la science des règles qui font connaître tout ce
qui est relatif à la composition du discours, l'usage des désinences, l'indécli-
nabilité et autres choses semblables (définition de Djordjani).

(2) La morphologie est la partie de la grammaire qui traite de la forme
des mots et de leurs transformations.

(3) Il ne s'agit pas de l'étymologie grammaticale, mais de l'étude de l'idée
primitive de laquelle sont dérivées les significations figurées ou tropiques
d'une même racine. (De Sacy, *Anthologie grammaticale arabe*).

(4) La science des pensées est celle qui enseigne à construire régulièrement
le discours ; la science de l'exposition enseigne à connaître et à employer les
divers genres de comparaisons, de métaphores et de métonymies ; celle des
ornements a pour objet tout ce qui contribue à agrémenter le discours par
des expressions ou des figures. (De Sacy, *op. cit.*).

(5) On n'est pas d'accord sur la façon de lire le Koran, l'emploi de la
pause, la prononciation de certains mots, etc. Sept docteurs ont établi chacun
une école et, par suite, une *lecture* différente.

boliques, énigmatiques, rapportés ou abrogés, et le littéral tout ce qui est clair, évident, positif et en pleine vigueur.

Aussi les sectateurs de Mahomet ont-ils pour le Koran la plus grande estime et une profonde vénération (1). Les bons musulmans n'osent pas même le toucher avant de s'être lavés, ou d'avoir accompli les purifications légales, et le lisent avec un grand recueillement, se gardant de le tenir au-dessous de la ceinture. Ils jurent par son texte, le consultent dans les occasions importantes, en l'ouvrant au hasard et en tirant un présage des premiers mots qui frappent leurs regards ; l'emportent à la guerre, inscrivent ses sentences sur leurs bannières et sur leurs monuments ; l'ornent d'or et de pierres précieuses, et ne permettent pas, autant que cela peut dépendre d'eux, qu'il tombe aux mains d'un infidèle (2).

Quelques mots maintenant sur les principaux commentateurs du Koran (3). Ce sont, d'abord, les quatre khalifes, puis Ibn Messaoud, mort vers 652 de notre ère ; Ibn Abbès, oncle de Mahomet, surnommé le Chef des commentateurs, mort vers 687 ; Obaï ben Kab ; Zaïd ben Tabet ; Abou Moussa Elachaari ; Abdallah ben Zobéïr ; Anas ben Malek ; Abou Horeïra ; Djabir ; Abdallah ben Amor ben Elas, tous Compagnons du Prophète (4).

Parmi les commentateurs ayant fait partie des *tabiin* ou suivants (5), il faut distinguer.

1° Les disciples d'Ibn Abbès, qui enseignèrent à la Mecque et dont les principaux sont Moudjahed ben Djeber, mort vers 722 de notre ère, et sur le commentaire duquel l'imam Chafaï et El Bokhari ont basé leurs travaux; Saïd ben Djobaïr, mort en 94 de l'hégire (712-713) ; Akrima, affranchi d'Ibn Abbès, mort en 105 (723-724) ; Taous ben Kissan, mort en 106 (724-725) ; Ata ben Abou Rabah, mort en 114 (732-733).

2° Les disciples d'Ibn Messaoud, qui professèrent à Koufa, tels que Elassouod ben Yazid, mort en 75 (694-695) ; Ibrahim Ennakhaï, mort en 95 (713-714) ; Alkama ben Kaïs, mort en 102 (720-721) ; Chaabi, mort en 105 (123-124).

---

(1) On sait que les Sunnites ou musulmans orthodoxes admettent comme article de foi que le Koran est incréé, et a existé de toute éternité dans l'essence de Dieu. V. Houdas, *op. cit.*, 70.

(2) G. Sale, *op. cit.*, 129.

(3) D'après le *Dictionnaire bibliographique* de Hadji Khalfa.

(4) C'est-à-dire ayant personnellement connu Mahomet.

(5) On donne le nom de Suivants aux personnages qui ont connu les Compagnons du Prophète.

3° Les disciples de Zaïd ben Aslem : Abou Elalia Rafia ben Mohran, mort en 90 (707-708) ; Atia ben Saïd, mort en 111 (729-730) ; Mohammed ben Kaab et Katada ben Daïma Sadoussi, morts en 117 (735-736); Malek Ibn Anas, fondateur du rite qui porte son nom, mort en 177 (793-794) ; Ata ben Abou Salama Maïsara, du Khoraçan ; Eddahhak ben Mozahim ; Rabia ben Anas et Seddi ; Abderrahman ben Zaïd.

Vint ensuite une génération de commentateurs qui compilèrent, dans leurs ouvrages, les opinions des compagnons et celles des suivants ; au nombre de ces auteurs, se trouvent Sofian ben Oïaïna ; Ouakia ben Eldjerrah ; Ghoaba ben Elhadjdjad ; Yazid ben Haroun ; Abderrezzak ; Adem ben Abou Aïas ; Ishak ben Rahaouihi ; Rouh ben Obada ; Abdallah ben Homied ;Abou Bekr ben Abou Chiba, et d'autres.

Une autre génération lui succéda, dont font partie Ali ben Abou Talha, Ibn Djarir, Ibn Abou Hatim, Ibn Madjdja, El Hakim, Ibn Mardaouaïhi, Abou Cheikh ben Habban, Ibn Elmoundir et autres.

La génération suivante des commentateurs du Koran continua à se livrer à une œuvre de compilation des diverses interprétations, mais en s'efforçant d'abréger, au point qu'on a pu adresser à certains d'entre eux, le reproche d'omission ; tels sont, Abou Ishak Ezzedjdjadj, Abou Ali Elfarissi, Abou Beker Ennekkach, Abou Djaafar Ennahas, Mekki ben Abou Taleb, Abou el Abbès Elmahdaoui.

Il existe enfin des commentaires qui sont l'œuvre d'auteurs modernes, mais les docteurs musulmans professent, en général, pour la plupart d'entre eux, une médiocre estime, les accusant d'abréger à l'extrême, de reproduire les diverses opinions sans en nommer les auteurs, de donner trop libre carrière à leur interprétation personnelle, et enfin de traiter dans leurs commentaires de toutes sortes de questions étrangères au sujet : historiques, scientifiques, grammaticales, juridiques, anecdotes, etc., au point qu'on a pu dire de certains de ces ouvrages qu'ils contiennent tout, excepté un commentaire du livre sacré.

Il nous semble utile, en terminant cet aperçu, de compléter l'énumération qui précède en donnant quelques indications sur les principaux auteurs et jurisconsultes, dont on trouvera les noms dans l'étude qui va suivre (1) :

(1) La plupart de ces indications sont puisées soit dans Hadji Khalfa (*op. cit.*), soit dans Ibn Khallikan, soit enfin dans l'*Encyclopédie de l'Islam*. On pourra compléter cette documentation par celle qui figure dans Norès, *Essai de codification du droit musulman*.

Abdou, célèbre commentateur et jurisconsulte moderne, grand mufti et professeur à l'Université du Caire, exerça une influence considérable sur l'évolution de la doctrine en Egypte au XIX° siècle. Né en 1850, mort en 1905.

Atta ben Abou Aslem ben Sefouan, un des premiers docteurs de l'Islam, mort en 115 de l'hégire (731-732 de notre ère).

Abou Saoud ben Mohammed Elaïmadi, jurisconsulte hanafite, auteur d'un très estimé commentaire du Koran. Mort en 982 (1573-1574).

Ahmed ben Mohammed ben el Mounir, malékite, auteur d'un commentaire du Kechchaf de Zamakhchari, indiquant les points sur lesquels ce dernier auteur, qui appartenait à la secte motazélite, s'écarte de l'orhodoxie musulmane. Mort en 683 (1285-86).

Baïdaoui (Abdallah ben Amor), chaféïte, auteur d'un célèbre commentaire du Koran, encore étudié de nos jours aux universités de Fez et du Caire. Son ouvrage a lui-même été commenté par 41 auteurs, d'après Hadji Khalfa. Mort en 685 (1286-87).

Chaabi (Ameur ben Charahil), fait partie des tabiin, ou savants qui ont connu les Compagnons du Prophète. Mort entre 103 et 107 (722-26).

El Djelalaïn (Commentaire d') ou Djalalaïn, ainsi appelé parce qu'il a pour auteurs deux jurisconsultes qui avaient pour surnoms Djalal-Eddine : Mohammed ben Ahmed el Mahalli, chaféïte, mort en 864 (1459-60), et Abderrahman ben Abou Beker Siouti, mort en 911 (1505-06). Ce commentaire, fort estimé, est des plus concis et serre le texte de très près.

El Hacen ben Abou el Hacen Yessar, l'un des tabiin, mort en 110 (728-29).

El Kaffal (Abdallah ben Ahmed ben Abdallah, dit), « le serrurier », a cause de son premier métier. Professeur renommé, du rite chaféïte, mort en 1026 de notre ère.

El Khatib (Mohammed Cherbini), mort en 977 (1569-70), auteur d'un commentaire du Koran très estimé, en usage aux universités de Fez et du Caire.

El Khazin (Ali ben Mohammed ben Brahim el Baghdadi, surnommé), auteur également d'un commentaire très réputé en usage à l'uiversité de Fez et achevé en 725 (1324-25).

Ibn Abbès (Abdallah ben el Abbès ben Abd el Moutaleb ben Hachem, dit) cousin du Prophète, appelé « la mer de la science » à cause de son grand savoir. Commentateur du Koran et l'un des six grands personnages qui ont rapporté les hadits. Mort en 68 (687-88).

Ibn Djoridj, ou Djoraïdj (Abdelmalek ben Abdelaziz), célèbre commentateur du Koran, mort en 150 (767-68).

Ibn Messaoud, célèbre jurisconsulte contemporain du Prophète, qui, d'après la tradition, demanda à Dieu de lui donner la science de la religion et de l'interprétation. Mort en 32 (652-53).

Katada ben Douama ben Aznin, célèbre tabii, mort en 117 ou 118 (835-36).

Modjahed ou Moudjahid ben Djeber, célèbre commentateur du Koran, mort en 104 (722-23).

Nassafi (Abdallah ben Ahmed en), auteur d'un commentaire très estimé des orthodoxes qui a été imprimé en marge de celui de Khazin. Mort en 801 (1408-09).

Nekhaï (Ibrahim en Nakhaï ou), célèbre commentateur du Koran, mort en 95 (713-14).

Razi (Mohammed ben Amor er), auteur d'un grand commentaire en usage à Fez et au Caire et qui a été plusieurs fois réimprimé, notamment à Constantinople en 1307 (1889-90) et au Caire, en 8 volumes, en 1309 (1891-92). C'est cette dernière édition, qui porte en marge le commentaire d'Abou Saoud, que nous avons employée. Razi est mort en 606 (1209-10) avant d'avoir pu terminer son ouvrage, qui a été achevé par le cheikh Ahmed ben Mohammed el Kamouli et Chehab Eddine ben Khelil.

Safian ou Sefian ben Saïd ben Messerouk Touri, mort à Bassora en 161 (777-78), fondateur d'un rite aujourd'hui disparu. A été un des maîtres de Tabari (voir ci-après).

Tabari (Mohammed ben Djarir ben Yazid ben Khaled), mort en 310 (922-93), célèbre savant et historien, l'auteur du plus réputé des commentaires du Koran. Cet ouvrage, dont nous donnons de nombreux extraits, a été dernièrement imprimé au Caire ; à l'appui de chacune des interprétations du texte, l'auteur cite les hadits qui lui servent de base, puis donne son avis personnel. D'après Naouaoui, les auteurs sont d'accord pour déclarer que ce commentaire n'est égalé par aucun autre.

Taous ben Kissan, l'un des tabiin, mort de 100 à 106 (718 à 725).

Zamakhchari (Mahmoud ben Omar ben Mohammed ben Omar), mort en 538 (1143-44), célèbre auteur d'un commentaire du Koran appelé *Kachchaf* (le révélateur), dont de Sacy a donné un extrait dans son *Anthologie grammaticale arabe ;* cet ouvrage est très estimé des musulmans et a eu plus de cinquante commentateurs : il jouit dans tout l'Orient d'une grande réputation, et Baïdaoui en a fait un grand usage et l'a souvent copié presque littéralement. L'édition dont nous nous sommes servi est celle imprimée au Caire, en deux volumes, en 1307 (1889-90), portant, en marge, les commentaires d'Ahmed ben Mohammed ben el Mounir et d'Abou-el-Hacen-el Djordjani. Zamakhchari, qui était, de son temps, le plus grand savant du monde musulman, appartenait à la secte motazélite, et est l'auteur d'un grand nombre d'ouvrages de grammaire, de rhétorique, de droit, etc...

Zedjdjadj (Ibrahim ben Mohammed ben Serri ben Sahel ez), célèbre grammairien et philosophe, auteur d'un ouvrage renommé sur le sens des termes du Koran, mort à Bagdad entre 310 et 316 (922-28).

Commentaire des versets 282 et 283 de la sourate II.

Les passages du Koran dans lesquels il est question de la preuve par écrit sont au nombre de deux, à savoir les 282e et 283e versets de la IIe sourate. Afin de serrer de plus près le texte arabe, nous en avons fait une traduction plus littérale et plus rigoureuse que celle de Kasimirski ; nous la donnons ci-après, en y juxtaposant cette dernière, pour permettre au lecteur de faire la comparaison. Nous avons en outre divisé le texte en alinéas qui n'existent pas dans l'original, afin de délimiter nettement les diverses idées qui y sont successivement exposées, et nous commenterons ensuite ces alinéas l'un après l'autre.

NOTRE TRADUCTION	TRADUCTION KASIMIRSKI

Sourate II, verset 282.

1. — O vous qui croyez, lorsque vous contractez une dette payable à une époque fixée, dressez-en un écrit.	O vous qui croyez ! Lorsque vous contractez une dette payable à une époque fixée, mettez-le par écrit.
2. — Qu'un écrivain dresse, entre vous, un écrit avec fidélité.	Qu'un écrivain la mette fidèlement par écrit.
3. — Que l'écrivain ne refuse pas d'écrire comme Dieu le lui a enseigné; qu'il écrive donc	Que l'écrivain ne refuse point d'écrire selon la science que Dieu lui a enseignée ; qu'il écrive.
4. — et que le débiteur lui dicte.	Et que le débiteur lui dicte.
5. — Qu'il craigne Dieu son Seigneur et qu'il ne retranche rien de la dette.	Qu'il craigne son Seigneur et n'en ôte pas la moindre chose.

6. — Si le débiteur est un incapable, ou un faible, ou s'il ne peut dicter, que son tuteur dicte pour lui avec fidélité.

Si le débiteur ne jouit pas de ses facultés, s'il est des faibles de ce monde ou s'il n'est pas en état de dicter lui-même, que son patron (ou son ami) dicte fidèlement pour lui.

7. — Appelez deux témoins pris parmi vos hommes;

Appelez deux témoins choisis parmi vous.

8. — si vous ne trouvez pas deux hommes, appelez un homme et deux femmes pris parmi les personnes dont vous admettez le témoignage; de manière que si l'une des femmes oublie sa déclaration, l'autre l'aide à se la remémorer.

Si vous ne trouvez pas deux hommes, appelez-en un seul et deux femmes parmi les personnes habiles à témoigner, afin que, si l'une oublie, l'autre puisse rappeler le fait.

9. — Que les témoins appelés ne refusent pas de répondre à l'appel qu'on leur adresse.

Les témoins ne doivent pas refuser de faire leur déposition toutes les fois qu'ils en seront requis.

10. — Ne dédaignez pas de dresser un écrit pour une dette petite ou grande, en indiquant l'époque du paiement.

Ne dédaignez point de mettre par écrit une dette, qu'elle soit petite ou grande, en indiquant le terme du paiement.

11. — Cela est plus juste aux yeux de Dieu, plus commode comme témoignage et plus propre à ôter le doute;

Ce procédé est plus juste devant Dieu, mieux accommodé au témoignage, et plus propre à ôter toute espèce de doute,

12. — à moins qu'il s'agisse d'une marchandise présente et que vous vous passez de la main à la main; alors il n'y aura pas de faute si vous ne dressez pas d'écrit.

à moins que la marchandise ne soit là devant vous et que vous vous la passiez de main en main : alors il ne saurait y avoir de péché si vous ne mettez pas la transaction par écrit.

13. — Appelez deux témoins quand vous contractez des ventes.

Appelez des témoins dans vos transactions

14. — Ne faites violence ni à l'écrivain ni au témoin. Si vous le faites, vous contrevenez aux ordres de Dieu. Craignez Dieu Dieu vous instruit. Dieu sait tout.

et ne faites violence ni à l'écrivain ni au témoin; si vous le faites, vous commettez un crime. Craignez Dieu : c'est lui qui vous instruit, et il est instruit de toutes choses.

Verset 283

15. — Si vous êtes en voyage et si vous ne trouvez pas d'écrivain, que des gages soient livrés.

Si vous êtes en voyage et que vous ne trouviez pas d'écrivain, il y a lieu à un nantissement.

16. — Si vous avez mutuellement confiance en vous, que celui en qui on a eu confiance restitue ce qu'on lui a confié. Qu'il craigne Dieu son Seigneur.

Mais si l'un confie à l'autre un objet, que celui à qui le gage est confié le restitue intact; qu'il craigne Dieu, son Seigneur.

17. — Ne célez point le témoignage; celui qui le cèle a un cœur corrompu. Dieu sait ce que vous faites.

Ne refusez point de rendre témoignage; quiconque le refuse a le cœur corrompu. Mais Dieu connaît vos actions.

Observations générales

Les auteurs musulmans font remarquer que le verset 282 est amené logiquement à la place qu'il occupe par les enseignements et considérations qui le précèdent. Dans les versets 262 à 281, en effet, Dieu invite les fidèles à faire de bonnes œuvres, à s'abstenir de l'usure, à dépenser leurs richesses « dans le sentier de Dieu » (verset 262), à remettre sa dette au débiteur dans la gêne (verset 280), et il termine en leur adressant ces paroles menaçantes : « Craignez le jour où vous retournerez à Dieu » (verset 281). « Mais, ajoute Razi, comme « l'observation de ces commandements a pour conséquence « de priver les fidèles de la plupart des moyens d'augmen- « ter leur fortune, Dieu a fait suivre ces défenses d'exhorta- « tions à suivre une voie qui préservera de la ruine leurs « biens légitimement acquis : car faire le bien, renoncer à « l'usure et persister à vivre dans la crainte du Seigneur ne « sont possibles qu'autant que l'on possède des biens... Dieu « a donc exhorté les fidèles à apporter toute leur attention « sur leurs biens, car ils sont utiles en ce monde et dans l'au- « tre. »

De son côté, le commentateur El Kaffal, cité par Razi, fait ressortir que, ce qui prouve bien que cette interprétation est la bonne, c'est la grande longueur du verset qui nous occupe, — alors que généralement le Koran s'exprime au contraire en termes concis, — et la façon caractéristique dont il insiste, en les répétant jusqu'à trois et quatre fois sous des formes à peine différentes, sur les règles et recommandations qu'il formule : lorsque vous contractez une dette, dressez-en un écrit ; qu'un écrivain dresse entre vous un écrit ; que l'écrivain ne refuse pas d'écrire ; qu'il écrive donc ; que le débiteur lui dicte; ne dédaignez pas de dresser un écrit : l'invitation de rédiger un acte écrit lorsqu'on contracte une dette est donc exprimée et répétée successivement en ces quelques lignes jusqu'à six fois, et, comme si ce n'était pas suffisant,

des recommandations accessoires viennent encore insister et
préciser l'importance et la portée du précepte : qu'il craigne
Dieu son Seigneur, qu'il ne retranche rien de la dette, et
enfin cette considération pressante et typique : « Cela est
plus juste aux yeux de Dieu, plus commode comme témoignage et plus propre à ôter le doute. »

Nous allons maintenant commenter l'un après l'autre les
dix-sept alinéas que comporte notre traduction. Afin de faci-
liter la lecture de ce commentaire, nous reproduirons successivement ces dix-sept alinéas en faisant suivre chacun des
passages comportant une explication d'un numéro d'ordre
qui renverra à notre développement. Lorsque le lecteur dési-
rera se documenter sur un point spécial il pourra ainsi se
reporter immédiatement à la partie de notre travail qui s'y
référera.

VERSET 282

Alinéa 1. — « **O vous qui croyez, lorsque**[1] **vous contractez une dette**[2] **payable à une époque fixée**[3]**, dressez-en un
écrit**[4]**.** »

1. — « Lorsque vous contractez... » — Il y a là une idée
de généralité, et le sens du verset, d'après Razi, est le suivant : « Chaque fois que vous contractez des engagements
réciproques relatifs à une dette, dressez-en un écrit » ; et ce
commentateur justifie cette interprétation au moyen du raisonnement ci-après : « Sans doute, le terme : *lorsque* (1)
« employé par le texte sacré, n'implique pas d'une manière
« absolue une idée de généralité, mais il ne l'exclut pas non
« plus ; et la preuve que le sens de cette expression est bien
« ici un sens général et qu'il faut lire : *toutes les fois que* (2),
« c'est que, à la fin du verset, le motif qui a fait donner cet
« ordre est précisé en ces termes : *Cela est plus juste aux yeux*
« *de Dieu, plus commode comme témoignage, et plus propre*
« *à ôter le doute.* Cela signifie que, lorsqu'une convention
« créatrice d'une dette vient à se conclure entre parties, si
« aucun écrit n'est rédigé, les éléments constitutifs du con-
« trat seront sujets à oubli : peut-être l'une des parties récla-
« mera-t-elle plus que ce qui lui est dû, ce qui serait injuste ;
« peut-être au contraire réclamera-t-elle moins, ce qui lui

―――――

(1) اذا.
(2) كلما.

« fera perdre, sans but louable et sans espoir de récompense,
« une partie de ses droits ; tandis que si, au contraire, on a
« mis par écrit les conventions arrêtées, on se trouve à l'abri
« de ces accidents. Or, ces considérations sont applicables à
« toutes les dettes, quelles qu'elles soient : d'où il suit que
« la règle qui nous occupe doit s'appliquer à toutes les opé-
« rations de l'espèce. »

Ibn-el-Khatib exprime le même avis que Razi.

D'après Tabari, l'expression : « Lorsque vous contractez une
dette » signifie : lorsque vous vendez ou achetez, ou que vous
donnez ou recevez moyennant une dette payable à une époque
que vous avez déterminée d'un commun accord.

2. — Les commentateurs se livrent à des discussions philo-
logiques interminables afin de déterminer exactement le sens
du mot « dette » : certains prétendent qu'il ne s'agit ici que
des ventes à livrer, qui seraient ainsi, par cela même, auto-
risées ; d'autres, comme Ibn Abbès, veulent qu'il ne soit question que du prêt, ou de certaines espèces déterminées de
prêts ou de ventes, à l'exclusion des autres. Razi exprime l'avis
que le sens du verset est général et qu'il faut l'interpréter
comme suit : « Chaque fois que vous contractez des engagements réciproques relatifs à une dette, dressez-en un écrit,
que la dette soit petite ou grande et quel qu'en soit l'objet :
prêt, vente à livrer, ou vente d'une chose payable à terme. »

3. — « On doit, dit Razi, indiquer le terme par l'année,
« le mois et le quantième, et non pas employer des expres-
« sions vagues telles que : aux moissons, au dépiquage, au
« retour des pélerins. De semblables expressions ne seraient
« pas valables, comme ne répondant pas au vœu du texte,
« qui exige que le délai soit *fixé*. » Tous les commentateurs
partagent cette opinion, sauf Ahmed ben Mohammed ben el
Mounir (malékite), qui se base sur ce que Malek a considéré
comme valable la vente dont le prix est stipulé payable aux
moissons.

4. — L'utilité que présente la rédaction d'un écrit est exposée par Razi dans les termes suivants : « Le paiement des obli-
« gations pour lesquelles un délai est imparti est toujours
« demandé à une date éloignée. On peut donc oublier cer-
« taines clauses, une partie peut nier, et dans ce cas l'écrit
« devient comme un moyen de préserver les biens de l'autre
« contractant, moyen avantageux pour l'une et l'autre des
« parties : car le créancier, sachant que ses droits sont fixés

« dans l'écrit ou constatés par témoins se gardera bien de
« réclamer plus qu'on ne lui doit ou de demander le paie-
« ment avant l'échéance, tandis que le débiteur, de son côté,
« s'abstiendra de nier sa dette et se préparera à faire face à
« l'échéance. En présence de ces avantages que donnent l'écrit
« et les témoins, Dieu n'a pas manqué d'en ordonner l'em-
« ploi. » El Khazin s'exprime dans le même sens ; voir, d'autre part, ce qui a déjà été dit plus haut, sous le n° 1, au
sujet des avantages que présente la rédaction d'un écrit.

Mais l'emploi de l'écrit et l'appel de témoins sont-ils pres-
crits par notre verset d'une manière impérative, ou seulement
recommandés? La question est controversée entre les auteurs,
et trois opinions différentes ont été soutenues à ce sujet.

La première interprète notre verset comme obligatoire;
tel est l'avis d'Atta, d'Ibn Djoridj, de Nekhaï, de Modjahed,
de Tabari et du commentateur moderne Abdou (1). Tabari,

---

(1) En raison de l'importance de la question, nous croyons intéressant de
reproduire ici l'argumentation de ce dernier jurisconsulte. D'après lui, les
auteurs qui considèrent comme un simple conseil la prescription qui nous
occupe, citent à l'appui de leur opinion des arguments de trois ordres diffé-
rents :

A) D'abord, il font état du passage : « Si vous avez mutuellement confiance en vous »... etc., au verset 283 (alinéa 16 de notre traduction), passage duquel ils tirent cette conclusion que Dieu a permis de ne pas dresser d'écrit et de ne pas appeler de témoins quand on a confiance dans son
débiteur.

B) En second lieu, ils soutiennent que les musulmans des premiers siècles de l'hégire n'observaient point le précepte d'une façon rigoureuse. Tantôt ils s'y conformaient, tantôt ils le délaissaient, alors qu'ils n'auraient
certainement pas manqué de s'y soumettre de la façon la plus étroite s'ils
avaient compris qu'il fût strictement obligatoire. Razi va même jusqu'à
exprimer l'avis que l'abandon de cette règle dans les pays musulmans doit
être considérée comme l'idjmâ (accord unanime des jurisconsultes musulmans appartenant à la période dite « de l'effort législatif »), mais Abdou
s'élève contre cette manière de voir.

C) Enfin, on argumente de ce que l'application du principe en discussion
est une véritable gêne : or, un précepte divin ne doit pas aboutir à un sem-
blable résultat.

A ce raisonnement, Abdou réplique qu'en principe, on doit toujours considérer les ordres divins comme obligatoires, selon l'avis même de la généralité des auteurs : à bien plus forte raison ici, où nous nous trouvons en
présence d'ordres qui se succèdent et qui vont en augmentant de fermeté, au
point qu'ils insistent encore pour recommander au tuteur, dans le cas où
le débiteur est atteint d'insanité d'esprit, de sénilité ou de faiblesse, de dicter pour lui à l'écrivain : même dans ce cas, par conséquent, l'écrit demeure exigé. Il tombe sous le sens qu'une pareille insistance ne peut con-
cerner qu'un précepte obligatoire. « Quant à l'argument tiré de ce que les
musulmans des premiers siècles de l'hégire faisaient leurs conventions sans

2

qui exprime le même avis, le justifie de la façon suivante :
le précepte qui ordonne de dresser un écrit est un commandement de Dieu ; or, de par leur origine même, ces commandements sont obligatoires, à moins qu'on ait la preuve qu'on
se trouve en présence d'un simple conseil, preuve qui ne se
rencontre pas ici.

Un second système, tout en convenant que la prescription
qui nous occupe est bien un ordre formel, la considère toutefois comme abrogée par le passage : « Si vous avez mutuellement confiance en vous..., etc. » (verset 283, alinéa 16 de
notre traduction). A cela, Tabari réplique que ce passage ne
s'applique qu'au cas où, tout en s'inspirant mutuellement
confiance, les contractants sont en voyage, ne savent pas
écrire, et ne trouvent pas d'écrivain : toutes les fois qu'on
trouve un écrivain, ou, à défaut d'écrivain, qu'on sait écrire,
la volonté formelle de Dieu est qu'un écrit soit dressé ; et
si les parties sont illettrées et n'ont pas d'écrivain sous la
main, et qu'en même temps elles n'ont pas confiance l'une
dans l'autre, il faut recourir à la constitution d'un gage. On
ne peut admettre qu'il y ait ici abrogation, car il n'en est
ainsi qu'autant qu'il existe une antinomie absolue entre deux
règles sur un même point ; or, ce n'est pas le cas en l'espèce,
sans quoi il faudrait admettre aussi, par exemple, que le
verset : « Si vous êtes malade ou en voyage... et que vous ne
trouviez pas d'eau, frottez-vous le visage et les mains avec
du sable pur » (Koran, V, 9), abroge les commandements de
Dieu relatifs aux ablutions en station, ou en voyage quand
il y a de l'eau (V, 8). Aussi, Razi, Abdou et la majeure par-

---

écrit ni témoins, il est, ajoute Abdou, pris à la lettre, dénué de valeur, car
l'on n'a trouvé aucun passage authentique tiré des paroles des Compagnons
du Prophète, ni des Suivants, qui puisse prouver le fait avancé. Les partisans de cette théorie se sont trompés ».

On peut même aller plus loin et dire que la tradition est nettement en
sens contraire ; voici, en effet, à ce sujet, une anecdote typique rapportée
par Tabari. Un jour, Kaab, ami d'Abou Sliman, dit à ses compagnons :
« Savez-vous quel est l'homme qui, victime d'une injustice, a en vain appelé
Dieu à son secours ? — Comment cela se peut-il ? demandèrent ses compagnons. — C'est, répliqua Kaab, l'homme qui vendant une chose, n'a ni
appelé de témoins, ni dressé d'écrit. A l'échéance, l'acquéreur nie sa dette :
le vendeur alors appelle Dieu à son secours, mais en vain, car il a désobéi à
son Seigneur ».

Enfin, Abdou conclut ainsi : « En admettant même que ces prescriptions
soient de simples recommandations, convient-il aux musulmans de se soustraire à une chose recommandée par le livre saint, sous le prétexte que cela
entraînerait une gêne ou tout autre inconvénient ? »

tie des auteurs rejettent-ils, avec Tabari, la théorie de l'abrogation comme inadmissible, et nous ne pensons pas non plus qu'elle puisse être soutenue en présence des termes catégoriques du Koran. Il est, en effet, impossible d'admettre qu'une disposition du verset 283 ait abrogé une partie du verset 282 parce que les deux versets ont été révélés en même temps, comme nous l'apprennent Razi et Abdou ; ces deux auteurs citent encore à l'appui de cette manière de voir l'opinion d'Ibn Abbas, appelé Imam, chef des commentateurs du Koran, qui fonda une école d'interprétation renommée, et au dire duquel le verset 282 n'a été abrogé dans aucune de ses dispositions. Enfin, le sens des deux versets est clair : selon les commentateurs et surtout Razi, le verset 282 se réfère aux obligations à terme, que l'on doit rédiger par écrit, et aux ventes, qu'il faut faire constater par témoins ; dans le verset 283, un autre ordre d'idées est abordé, celui du cas où on est malade ou en voyage (1).

---

(1) Relativement à cette question d'abrogation ou de non abrogation, il nous paraît utile de reproduire le raisonnement que fait, à propos de la difficulté que nous étudions en ce moment, le jurisconsulte Abou Djaafar Ahmed ben Mohammed ben Ismaïl Elmoradi, appelé aussi Abou Djaafar Ennehhas, auteur d'un célèbre ouvrage sur les *Versets abrogeants et abrogés du Koran*. Voici ce qu'il dit, en substance, au sujet de notre verset.

Les auteurs sont divisés en trois écoles en ce qui concerne la portée de ce verset.

A) Les uns soutiennent qu'un croyant qui vend ou achète à terme ne peut se dispenser de dresser un écrit, s'il trouve un écrivain, *et* d'appeler des témoins ; si la vente est faite au comptant, il peut se dispenser d'écrire, mais il est tenu d'appeler des témoins. Il y aurait donc là une prescription obligatoire, selon le sentiment de ces auteurs, dont les principaux sont : parmi les Compagnons du Prophète, Ibn Amor et Abou Moussa Elachaari ; et, parmi les Suivants, Mohammed ben Sirine, Abou Kilaba, Eddahhak, Djaber ben Zaïd et Modjahed. L'auteur qui a le plus insisté en ce sens est Atta, qui a dit : « Appelez des témoins quand vous vendez ou achetez moyennant un dirhem, un demi-dirhem, un tiers de dirhem, ou même moins, car Dieu a dit : « Appelez des témoins quand vous contractez des ventes » (alinéa 13 de notre traduction). Tabari exprime également l'avis que le croyant ne peut se dispenser, sans enfreindre le Livre de Dieu, d'appeler des témoins quand il vend ou achète, et que, quand il y a vente à terme, il faut dresser un écrit, si on trouve un écrivain, et cela, outre la présence des témoins. Les jurisconsultes qui adoptent ce premier système citent à l'appui de leur thèse la lettre même du Koran.

B) Une seconde théorie représente cette disposition comme abrogée (par l'alinéa 16 de notre traduction). Tel est notamment l'avis d'Abou Saïd Elkhadri, compagnon du Prophète, d'Elhassan et d'Abderrahman ben Zaïd. Abou Djaafar combat cette manière de voir et cite l'opinion de Tabari et l'exemple donné par cet auteur au sujet du précepte relatif aux lustrations pulvérales, lequel n'abroge nullement les prescriptions relatives aux ablutions,

Une troisième théorie enfin, — c'est-à-dire celle qui a prévalu et qui est la plus généralement admise, — ne voit dans notre précepte qu'une simple recommandation : entre autres commentateurs, El Khazin, Abou Saoud, Baïdaoui et Razi sont de cet avis. Mais ni la construction de la phrase dans les deux versets, ni l'agencement des idées, ni les termes employés par le texte ne nous permettent de nous ranger à cette opinion. Qu'on relise bien attentivement la traduction des deux versets et qu'on suive de très près les raisonnements des commentateurs et l'on s'apercevra sans peine du ton impératif du texte et de la faiblesse des raisons données par ces auteurs pour en tirer une interprétation qu'il ne comporte pas.

A la vérité, les prescriptions du verset 282 sont bien impératives ; il ne ressort nullement du texte qu'elles aient été abrogées, mais elles ont été et sont encore d'une application très difficile dans les pays musulmans ; et c'est à cause de ces difficultés multiples que les auteurs ont mis leur esprit à la torture pour éluder une règle si clairement exprimée. Des auteurs comme le célèbre Tabari et le commentateur moderne Abdou ne s'y sont pas trompés ; pour eux, le texte est clair : c'est un ordre impératif ; le croyant ne peut s'y soustraire.

---

quoique la phrase ait la même construction que celle de notre verset. Abou Djaafar, comme Tabari, estime que, pour qu'il y ait abrogation, il faudrait qu'elle fût expresse, c'est-à-dire qu'on se trouvât en présence d'un autre verset disant formellement : « Ne dressez pas d'écrit et n'appelez pas de témoins » ; mais soutenir que le verset 283 (alinéa 16) abroge le verset 282, c'est dénué de sens ; cet alinéa ne prouve rien, attendu qu'il a trait au croyant qui ne trouve ni écrivain ni instrument pour écrire. Car Dieu dit : « Si vous ne trouvez pas d'écrivain, que des gages soient livrés... ; et si vous avez mutuellement confiance en vous (auquel cas le débiteur ne donne pas de gage), que celui en qui on a eu confiance restitue la chose qu'on lui a confiée » (c'est-à-dire, paie sa dette).

C) Enfin, un dernier système considère ces prescriptions comme de simples conseils n'ayant rien d'obligatoire : en ce sens, Chaabi et les trois fondateurs de rites, Malek, Chafaï et Abou Hanifa, ce qui permet à Abou Djaafar de conclure que les juristes qui font la règle en matière de droit et « la plupart des gens » sont d'avis qu'il ne faut pas voir là une règle obligatoire. Il ajoute que ces auteurs basent leur opinion sur ce que tous les jurisconsultes sont d'accord pour que, en cas de litige sur l'existence d'une vente, le demandeur prétendant avoir acheté, mais ne produisant aucune preuve, et le défendeur niant la vente, le juge défère le serment à ce dernir. De plus, il existe une certaine histoire d'achat de cheval par le Prophète, de laquelle il résulterait que celui-ci n'aurait pas appelé de témoins au moment du contrat.

En effet, si l'écrit était rigoureusement obligatoire, il n'y aurait pas lieu à délation de serment, et le prétendu acquéreur qui ne pourrait présenter de preuve écrite devrait être débouté sans autre forme de procès.

D'autre part, Razi fait remarquer qu'on ne doit pas interpréter littéralement l'expression : « Dressez-en un écrit » ; ce commandement paraît s'adresser aux contractants eux-mêmes, mais il n'en est rien et il n'est nullement nécessaire qu'ils rédigent l'acte personnellement ; ils peuvent recourir au ministère d'un tiers, et d'ailleurs la suite du texte (qu'un écrivain dresse un écrit) ne laisse aucun doute à ce sujet, et démontre que le but poursuivi est la passation d'un écrit, quel qu'en soit le rédacteur.

Abdou va même jusqu'à dire que le rédacteur de l'acte doit obligatoirement être pris en dehors des contractants, même lettrés, pour éviter que l'un d'eux, — celui qui se chargerait d'établir l'écrit, — ne trompe son co-contractant. — Cette opinion paraît bien rigoureuse : il semble, en tous cas, que si l'une des parties est lettrée et qu'on ne trouve sur les lieux aucune personne susceptible de rédiger un acte, il vaudrait mieux, plutôt que de se passer d'un écrit, charger cette partie lettrée de l'établir ; la présence, obligatoire, des témoins sauvegarderait les intérêts de l'autre partie (1).

Alinéa 2. — « **Qu'un écrivain dresse, entre vous 5, un écrit avec fidélité 6** ».

5. — « Entre vous » : Cette expression a pour but d'indiquer que l'écrivain doit ne favoriser aucun des contractants aux dépens de l'autre et rédiger l'acte du commun accord des parties, et non pas sur les instructions ou les déclarations d'une seule d'entre elles (Abou Saoud, Elaloussi, Hakki).

6. — « Avec fidélité » : L'écrivain, dit Razi, doit rédiger l'acte sans rien ajouter ni retrancher à la dette, et de telle sorte qu'il constitue un titre probant qu'on produira quand besoin sera.

---

(1) Il est à noter que les commentateurs que nous avons sous les yeux ne font aucune distinction entre l'écrit et le témoignage comme moyens de preuve ; il résulte même de l'examen des textes que ces deux choses très différentes à nos yeux, ont pour eux la même valeur ; cependant, le texte du verset 282 indique bien que l'écrit est ordonné quand il y a obligation à terme (alinéa 1) et qu'on est tenu d'appeler des témoins quand on contracte une vente (alinéa 13), mais les amateurs de précision sont rarement satisfaits en exégèse koranique, et nôtre caractère national, si épris de netteté et de clarté, est aux antipodes de l'esprit musulman, ergoteur, imprécis, désordonné et nuageux.

Les traités de droit musulman parlent à peine de l'écrit et s'étendent beaucoup sur la preuve testimoniale.

Le même auteur ajoute que si l'écrivain est un savant en droit, il doit établir l'acte en se conformant aux règles suivantes : les droits de l'une des parties ne doivent pas être mieux garantis que ceux de l'autre ; chacune d'elles doit se trouver à l'abri des entreprises que l'autre pourrait tenter dans le but d'annihiler ses droits ; il faut éviter les causes de nullité,.. et enfin s'abstenir d'employer des termes équivoques dont le sens pourrait prêter à discussion. Ces conditions ne peuvent être remplies que par un écrivain très lettré et possédant de sérieuses notions juridiques ; aussi certains commentateurs expriment-ils l'avis que le passage qui nous occupe doit être interprété comme un ordre adressé aux contractants de ne choisir comme écrivain qu'une personne pieuse ayant des connaissances en droit, de telle sorte que les intérêts des deux parties soient sauvegardés et que l'écrit constitue une preuve certaine (Baïdaoui, Ibn el Khatib, Hakki, Zamakhchari). Elaloussi partage cette manière de voir et ajoute que certains auteurs vont jusqu'à s'autoriser de ce passage pour exiger que la rédaction de l'écrit soit obligatoirement confiée à une personne sûre ayant les connaissances nécessaires, de manière à éviter toute difficulté d'interprétation.

Abdou est également de cet avis et s'exprime ainsi : « La « science dont il s'agit ici n'est pas seulement la science de « l'écriture, mais encore la science des actes et du droit. L'écrit « ne peut faire foi, en effet, qu'autant que l'écrivain connaît « les règles du droit et la valeur des termes techniques; il doit « être juste et honnête et animé de l'unique désir de bien pré- « ciser le droit sans parti-pris. Le rédacteur des actes est « comme un tribunal qui aurait à trancher un différend. Tous « ceux qui tiennent une plume ne sont pas capables de rem- « plir ces fonctions; seul, celui qui peut être un magistrat « honnête et juste accomplira dignement cette tâche. »

Alinéa 3. — « Que l'écrivain ne refuse pas d'écrire 7 **comme Dieu le lui a enseigné** 8. **»**

7. — Ce passage, d'après Razi, doit être interprété comme la défense faite à toute personne lettrée de refuser de prêter son ministère pour la rédaction de l'acte si elle en est sollicitée, et comme comportant pour elle l'obligation d'écrire. La question est toutefois controversée et Razi s'exprime comme suit à ce sujet :

« D'après certains auteurs, il faut voir ici un simple conseil, « mais non une obligation proprement dite. Le sens du pas-

« sage serait alors le suivant : Dieu vous a donné la science de
« l'écriture et du droit; c'est là une faveur qu'il vous a faite et
« dont il est convenable que vous manifestiez votre reconnais-
« sance en prêtant votre ministère, comme écrivain, à votre
« frère en religion illettré. C'est dans le même sens que Dieu
« a dit : Sois bienfaisant envers les autres comme Dieu l'a été
« envers toi (Koran, XXVIII, 77); votre prochain profitera
« ainsi de votre science comme vous avez profité vous-même
« des faveurs que Dieu vous a accordées. D'après Chaabi, le
« passage qui nous occupe renferme un commandement obli-
« gatoire, mais cette obligation est restreinte en ce sens qu'elle
« ne pèse que sur une seule des personnes (lettrées) qui sont
« présentes au contrat ; s'il n'y en a qu'une, celle-ci est tenue
« de rédiger l'acte. — Enfin, selon une autre leçon, le précepte
« que nous étudions comportait, au début, une obligation sans
« aucune restriction, mais ce commandement a été abrogé
« par le passage : Ne faites violence ni à l'écrivain, ni au
« témoin (verset 282 de notre sourate) ».

Baïdaoui, Ibn el Khatib, Hakki et Elaloussi sont d'avis,
comme Razi, que notre passage constitue un ordre, et que
c'est, pour toute personne lettrée, une obligation de prêter son
ministère comme écrivain, et de faire profiter son prochain de
sa science de l'écriture, de même qu'elle tire profit, de son
côté, de la science que Dieu lui a départie.

8. — L'écrivain doit écrire comme Dieu le lui a enseigné :
c'est-à-dire, d'après Razi, qu'il doit écrire avec équité, en obser-
vant toutes les règles voulues, et en se gardant d'écrire aucune
phrase qui puisse mettre une entrave au but que les parties se
proposé d'atteindre.

Alinéa 4. — « **Et que le débiteur lui dicte** 9 ».

9. — Il y a ici une observation capitale à faire, à savoir que
c'est le débiteur qui doit faire cette dictée, et non pas le créancier, « de manière, dit Razi, que ce qu'il dicte comporte
« l'aveu de sa dette en quotité, espèce et genre, et qu'il recon-
« naisse le délai fixé ».

Alinéa 5. — « **Qu'il craigne Dieu son Seigneur** 10 **et qu'il ne
retranche rien de la dette** 11 ».

10. — Qu'il craigne Dieu : c'est-à-dire, d'après Tabari, qu'il
craigne la punition que Dieu lui infligerait s'il frustrait le

créancier d'une partie de ses droits; il aurait à rendre compte
de son action au jour du jugement dernier.

11. — Qu'il ne retranche rien de la dette : cet ordre, d'après
Razi, s'adresse au débiteur qui dicte et l'invite à reconnaître la
quotité exacte de sa dette, sáns la diminuer de la moindre
partie. El Khazin, Nassafi, Hakki et Tabari sont aussi d'avis
que ce commandement s'adresse au débiteur seul; d'après Baïdaoui et Ibn el Khatib, il concernerait aussi l'écrivain, qui a
pour devoir de ne rien retrancher de ce qú'on lui dicte.

Alinéa 6. — « **Si le débiteur est un incapable (1), ou un faible (2), ou s'il ne peut dicter 12, que son tuteur 13 dicte pour lui
avec fidélité.** »

12. — Il faut entendre, d'après Razi : par « incapable », la
personne pubère, faible d'esprit; par « faible », le mineur, la
personne atteinte d'insanité d'esprit, le vieillard tombé en
enfance, en un mot ceux qui ont perdu complètement l'esprit;
quant à celui qui ne peut dicter, c'est la personne qui est dans
l'impossibilité matérielle de dicter parce qu'elle est atteinte de
mutité ou qu'elle est dans l'ignorance de se droits et de ses
devoirs.

Les auteurs ne sont pas exactement d'accord sur le sens précis
de ces diverses expressions. Ainsi, l'incapable (1) est, d'après
l'imam Chafeï, la personne prodigue qui ne suit pas les prescriptions religieuses; d'après Abou Saoud, Ibn el Khatib, El
Djelalaïn, Baïdaoui, Hakki, c'est le prodigue; d'après El Khazin,
c'est l'ignorant qui ne peut dicter; d'après Nassafi, c'est le fou.
Tabari s'exprime ainsi : « La meilleure leçon est celle qui donne
« au mot *Safih* le sens de : personne qui ne sait dicter. Comme
« nous l'avons déjà démontré, en langue arabe, safih signifie
« ignorant, et si nous donnons à ce mot ce dernier sens, le
« passage embrassera toutes les personnes ignorantes : le mi-
« neur, le vieillard sénile, de l'un ou l'autre sexe. Le mieux
« donc est de donner à ce mot le sens de : personne qui ne
« sait dicter pour quelque cause que ce soit. »

Le faible est, selon Nassafi, l'enfant, et, d'après Tabari, celui
qui ne peut dicter par suite d'infirmité : mais la presque unanimité des auteurs entend par ce terme, comme Razi, le mineur et le vieillard atteint de sénilité : en ce sens, Baïdaoui,
Ibn el Khatib, El Djelalaïn, Abou Saoud, Zamakhchari, Hakki,
El Aloussi, El Khazin.

---

(1) Safih (سفيه).
(2) Daïf (ضعيف).

Enfin, celui qui ne peut dicter est : d'après Tabari, l'absent; d'après El Khazin, le muet, le bègue, celui qui s'exprime mal, le prisonnier, l'absent, et enfin l'ignorant qui ne distingue pas ses droits de ses devoirs. La plupart des auteurs se bornent à entendre par là, comme Razi, le muet et l'ignorant : en ce sens, Ibn el Khatib, Baïdaoui, Nassafi. Ces deux derniers commentateurs comprennent, sous la dénomination d'ignorant, l'étranger qui ne sait pas parler l'arabe. « Toutes ces personnes ajoute El Khazin, ne peuvent valablement faire un aveu ou une reconnaissance, et il faut donc que quelqu'un prenne leur lieu et place. »

13. — Par tuteur, il faut entendre, d'après Elaloussi, toute personne chargée des intérêts du débiteur, c'est-à-dire aussi bien le tuteur au sens juridique du mot que l'administrateur, le mandataire, l'interprète; en l'espèce on admet l'aveu pour autrui.

Certains auteurs toutefois (Ibn Abbès, Mokatil, Rabia) donnent ici au mot de tuteur le sens de maître de la dette, le créancier, mais Razi fait remarquer que ce sens est très recherché : il est difficile d'admettre, en effet, que, alors qu'en thèse générale c'est le débiteur qui doit dicter, on s'en rapporte à la dictée du créancier dans les cas où l'absence ou l'état d'infériorité intellectuelle du débiteur permettent précisément de craindre que le créancier soit porté à en abuser pour mettre, dans la rédaction dont on lui confierait le soin, tous les avantages de son côté.

Alinéa 7. — « **Appelez deux témoins** 14 **pris parmi vos hommes** 15 ».

14. — Appelez deux témoins : ce que l'on cherche à obtenir, dit Razi, par la rédaction d'un acte, c'est le fait de requérir des témoins, de telle sorte que l'on puisse, grâce à eux, arriver à établir la vérité en cas de dénégation d'un droit.

La présence de deux témoins au minimum est-elle indispensable pour administrer une preuve, et que faut-il penser de la règle « testis unus, testis nullus? ». Voici ce que dit Razi à ce propos : « Chafaï a enseigné que l'on pouvait juger sur « la déclaration d'un témoin appuyée d'un serment. Abou « Hanifa est de l'avis contraire, qu'il appuie sur le passage : « Que les témoins appelés ne refusent pas de répondre (ci-« après alinéa 9), et il ajoute : A défaut de la déposition de « deux hommes, Dieu a déclaré qu'il fallait la déposition « d'un homme et de deux femmes ; c'est là une chose bien « déterminée, et si nous admettions qu'il suffit d'un unique

« témoin appuyé d'un serment, ce serait au mépris de ce
« passage du Koran que nous venons d'indique. — Quant à
« Chafaï, il base son opinion sur ce que le Prophète a un
« jour condamné sur la déposition d'un témoin appuyée d'un
« serment. »

15. — Pris parmi vos hommes, c'est-à-dire, d'après la généralité des auteurs (Razi, Baïdaoui, Zamakhchari, Tabari, El
Khatib, Abou Saoud, Nassafi, Hakki, El Djelalaïn), parmi les
musulmans. D'après certains docteurs, cependant, au dire de
Razi, l'expression : « parmi vos hommes » signifie : parmi
les personnes que vous considérez comme pouvant servir de
témoins à cause de leur moralité.

Les docteurs sont partagés sur le point de savoir si le
témoignage de l'esclave (musulman) est recevable. D'après
Abou Hanifa et Zamakhchari, on admet l'infidèle comme
témoin dans une question intéressant des infidèles.

Tout le monde, d'ailleurs, est d'accord pour reconnaître que
le témoin doit être honnête, cette qualité étant expressément
exigée dans d'autres passages du Koran (v. notamment V, 105
et LXV, 2), desquels il résulte donc, fait remarquer Razi, que
tout le monde n'est pas apte à être admis comme témoin.
D'après cet auteur, les qualités que doit réunir le témoin
sont au nombre de dix : il faut être libre, pubère, musulman, honnête, connaître le fait sur lequel on est appelé à
témoigner, ne tirer aucun avantage de sa déclaration, ne pas
en profiter en écartant un dommage pour sa personne, ne pas
être connu comme négligeant toute dignité ou sujet à de
nombreuses erreurs, et enfin ne pas être ennemi de la personne contre laquelle on témoigne.

El Khazin exige en outre que le témoin soit doué d'intelligence et ne soit pas distrait.

El Khatib, au contraire, n'exige que sept conditions : le
témoin doit être musulman, libre, doué de ses facultés, pubère,
honnête, avoir de la moralité et ne pas être sous le coup
d'une accusation pénale.

Alinéa 8. — « **Si vous ne trouvez pas deux hommes, appelez un homme et deux femmes[16] pris parmi les personnes dont
vous admettez le témoignage ; de manière que si l'une des
femmes oublie sa déclaration, l'autre l'aide à se la remémorer[17]. »**

16. — C'est seulement en certaines matières que le témoignage d'un homme peut être suppléé par celui de deux femmes. Dans le rite hanafite, le témoignage d'un homme et de

deux femmes est admis en toutes circonstances, sauf en matière correctionnelle et criminelle (Baïdaoui).

Les chaféïtes, et notamment Baïdaoui et Abou Saoud, n'acceptent le témoignage d'un homme et de deux femmes qu'en matière de biens.

Chez les malékites, la question est très controversée. Elaloussi exprime la même opinion que Baïdaoui, mais sous la réserve toutefois de cette observation : « Malek a dit : la décla-
« ration d'un homme et de deux femmes n'est pas admise
« en matière de peines, de talion, de patronage (1), de mariage;
« elle est admise en matière de procuration, de testament
« quand il ne s'y rattache pas de question d'affranchissement. »

El Khatib, de son côté, s'exprime à ce sujet comme suit :
« Les auteurs sont d'accord pour admettre le témoignage des
« femmes comme valable, quand elles déposent avec les hom-
« mes, en matière de biens ; mais il y a divergence sur le
« point de savoir s'il y a lieu de l'accepter également en
« d'autres matières. Les uns tranchent la question par l'af-
« firmative, sauf lorsqu'il s'agit de questions pénales : tel
« est l'avis de Safian Ettouri et d'autres docteurs ; certains
« soutiennent, au contraire, que (dès lors qu'il ne s'agit pas
« de biens) la preuve complète ne peut être administrée que
« par le témoignage de deux hommes honorables D'après
« Chafaï, pour les faits que, d'ordinaire, les femmes connais-
« sent bien, comme les accouchements, l'allaitement, ce qui
« concerne la virginité et autres cas analogues, la preuve
« complète résulte du témoignage d'un homme et de deux
« femmes, ou de quatre femmes. »

El Khatib ajoute qu'on a fini par tomber d'accord pour admettre que le témoignage des femmes ne fait pas preuve en matière de peines.

17. — Pour quel motif le témoignage de deux femmes est il nécessaire pour faire l'équivalent d'un témoignage mâle? Le texte sacré dit bien que c'est parce que, de cette manière, si l'une des femmes oublie ce qu'elle a à déclarer, l'autre pourra lui rafraîchir la mémoire, mais cette raison ne paraît pas péremptoire, car cet oubli hypothétique pourrait tout aussi bien se produire de la part d'un témoin masculin. Les docteurs de l'Islam se livrent à ce sujet à de curieuses considérations qu'il ne sera pas sans intérêt de rapporter ici.

« Les femmes, déclare Razi, sont sujettes à l'oubli à cause
« de la grande quantité d'humeurs froides et humides de leur

---

(1) Droit qu'une personne conserve sur son esclave affranchi.

« constitution ; mais, que deux femmes puissent oublier en
« même temps, est chose moins admissible que l'oubli de la
« part d'une seule. C'est ainsi que deux femmes ont été mises
« comme équivalentes à un homme, de sorte que si l'une
« oublie, l'autre lui remémore les faits. »

El Khazin se borne à partager, en quelques mots, cette
manière de voir, mais Rachid Rida se livre, dans les termes
suivants, à une analyse psychologique plus complète : « On
« assimile ici deux femmes à un homme à cause de la fai-
« blesse du témoignage des femmes et du peu de confiance
« qu'on lui accorde, et c'est pour cela que le Koran dit : afin
« que si l'une des femmes oublie sa déclaration, l'autre l'aide à
« se la remémorer. Cette mesure est ordonnée par crainte de
« voir l'une des femmes témoins tomber dans l'erreur à cause
« du manque d'ordre dans les idées et de la légèreté coutumiers
« à leur sexe : l'autre lui rappellera donc le fait et complè-
« tera ainsi le témoignage. Chacune d'elles étant sujette à
« l'erreur et à l'oubli, il en résulte qu'il faut avoir recours à
« deux femmes, pour qu'elles puissent se rappeler mutuelle-
« ment le fait, et, comme conséquence, elles ne valent qu'un
« seul homme. Certains auteurs ont soutenu que les femmes
« sont naturellement sujettes à l'oubli par suite de leur peu
« d'intelligence et de religion : mais la vérité est que, comme
« la femme ne s'occupe pas ordinairement de questions d'in-
« térêt, sa mémoire est exposée à faiblir quand on y a recours
« en pareille matière, tandis qu'elle se rappellera fort bien
« tout ce qui concerne son intérieur, dont elle s'occupe plus
« spécialement que l'homme. Il est vrai cependant que nous
« voyons aujourd'hui des femmes étrangères se mettre à s'oc-
« cuper d'affaires, mais c'est là une exception dont il n'y a
« pas lieu de tenir compte, car les règles générales sont faites
« pour la généralité des cas ordinaires. » Plus loin, le même
auteur rapporte qu'Abdou, recherchant de quelle manière
le juge doit se comporter avec les témoins, suivant leur sexe,
s'exprime ainsi : « Le magistrat peut, il doit même ques-
« tionner les femmes témoins en présence l'une de l'autre,
« faire état d'une partie de la déclaration de l'une pour
« compléter l'autre. C'est là une manière de faire qui lui est
« imposée, bien que les cadis n'agissent pas de la sorte, par
« pure ignorance. Quand aux hommes, le cadi ne peut pro-
« céder ainsi avec eux ; il est tenu, au contraire, de les enten-
« dre hors la présence les uns des autres, et si l'un d'eux
« écourte sa déclaration ou en omet une partie, l'autre ne

« peut la compléter, à tel point qu'elle doit être déclarée nulle
« si c'est une partie essentielle qui a été omise. »

**Alinéa 9. — « Que les témoins appelés ne refusent pas de
répondre à l'appel qu'on leur adresse. »**

18. — Les auteurs discutent longuement, à propos de ce passage, sur le point de savoir s'il s'applique à la prise en charge
du témoignage (constatation du fait dont on devra témoigner),
ou seulement à l'acte de faire sa déposition. Autrement dit,
tout individu requis de venir constater la passation d'une
convention, la création d'une dette, est-il tenu de se rendre
à l'appel qu'on lui adresse, ou notre texte se borne-t-il à
imposer l'obligation de déposer à ceux qui, en fait, ont assisté
à la création du lien juridique dont il s'agit d'établir l'existence? Le texte koranique est assez vague, disant simplement :
'« Que les témoins ne refusent pas quand ils sont appelés » ;
aussi la question que nous venons de poser est-elle très controversée et on trouve des auteurs dans les deux sens : Tabari,
Katada, Zamakhchari, Modjahed, Ibn Djobeir admettent cette
deuxième opinion ; plusieurs d'entre eux, en effet, notamment
Katada, rapportent que ce passage a été révélé parce qu'un
homme, qui se trouvait dans un grand campement, ayant
appelé plusieurs personnes pour lui servir de témoins d'un
fait, aucune ne voulut le suivre pour ce faire. Au contraire,
Baïdaoui, Hakki, Rachid Rida, El Djelalaïn, Abou Saoud, Elaloussi, Ibn Abbès, Elhacen, Zedjdjadj, sont d'avis que le texte
comporte à la fois l'obligation de prise en charge du témoignage et l'obligation de témoigner. D'après El Kaffal, il ne
s'agirait même ici que de l'obligation de prise en charge :
« Dieu, dit cet auteur, a ordonné à l'écrivain de ne pas refuser
« d'écrire ; de même, il invite le témoin à ne pas refuser de se
« charger du témoignage, car l'un dépend de l'autre, et du
« défaut d'écrit ou de témoin dépend la perte d'un droit. »
Cette dernière partie du raisonnement d'El Kaffal présente
une importance capitale : elle démontre que, d'après ce jurisconsulte, la rédaction d'un acte écrit serait une formalité subs-
tantielle en matière de conventions, puisqu'il envisage la perte
du droit comme conséquence possible du défaut d'écrit.

L'opinion la plus judicieuse, sur le point qui nous occupe,
paraît avoir été formulée par Razi. Selon lui, notre passage
ordonne simplement aux témoins de déposer, quand ils en
sont requis, sur les faits dont ils ont acquis antérieurement
connaissance ; mais l'ordre de prendre en charge le témoi-

gnage est implicitement contenu dans le passage : « Appelez deux témoins pris parmi vos hommes » (supra alinéa 7), de telle sorte que toute personne tenue de venir constater la naissance d'un droit, la passation d'un contrat, la naissance d'une obligation ou d'une dette, est tenue de prêter son assistance.

D'après le même auteur, quand le témoin est seul, il est tenu de témoigner ; quand il y en a plusieurs, l'obligation ne s'impose qu'au nombre voulu pour faire preuve complète.

Alinéa 10. — « Ne dédaignez pas de dresser un écrit pour une dette petite ou grande, en indiquant l'époque du paiement. ».

19. — Les auteurs font remarquer que, en insistant de nouveau, dans ce passage, sur la nécessité de dresser un écrit, le livre sacré montre quelle importance on doit attacher à cette formalité. « Après avoir ordonné, dit Razi, d'abord de « rédiger un écrit, puis d'appeler des témoins, en matière « de dettes, Dieu est revenu sur le même sujet pour appuyer « davantage en disant : Ne dédaignez pas..., etc. Ce passage « n'a d'autre but que d'inciter les fidèles à dresser un écrit « pour toute convention concernant les biens, quelle qu'en « soit l'importance : car, parfois, de grandes difficultés prennent « leur source dans des intérêts minimes. Cependant, « quand la chose est d'une valeur infime, cette règle n'est « pas applicable : il faut ici se rapporter à l'usage, qui n'est « pas d'écrire de pareilles dettes. »

Rachid Rida, de son côté, estime également qu'il résulte de ce passage que l'écrit est obligatoire aussi bien quand les intérêts en jeu sont minimes que lorsqu'ils sont importants : il y a là, dit-il, une invitation à ne pas négliger la moindre partie des droits, pour en éviter la perte sans profit.

Alinéa 11. — « Cela est plus juste aux yeux de Dieu, plus commode comme témoignage, et plus propre à ôter le doute. »

20. — D'après Tabari, le but poursuivi ici est d'ôter le doute en ce qui concerne le témoignage; selon d'autres auteurs, c'est d'ôter le doute en ce qui concerne la dette, son chiffre et la date du paiement. Razi se livre à une analyse plus serrée dans les termes suivants : « Dans ce passage, Dieu énonce « les trois avantages qui résultent de l'écrit. C'est, d'abord, « dit-il, plus juste aux yeux de Dieu. Ensuite, il ajoute que « c'est mieux accommodé pour le témoignage, c'est-à-dire

« plus propre à faire les choses avec loyauté : l'écriture est
« mieux accommodée au témoignage en ce sens que c'est un
« moyen de conserver les droits et le souvenir ; c'est donc le
« meilleur procédé pour maintenir les choses comme il faut.
« La différence qu'il y a entre ces deux avantages, c'est que
« le premier a pour but de procurer à l'homme les grâces
« de Dieu, et l'autre, un profit en ce bas monde : aussi a-t-on
« énoncé le premier en tête pour montrer que les intérêts
« religieux sont à préférer aux intérêts pécuniaires. Dieu
« déclare enfin que l'écrit est plus propre à ôter le doute,
« c'est-à-dire que c'est le moyen le plus propre pour faire ces-
« ser le doute et l'incertitude dans l'esprit des contractants.
« La différence entre les deux premiers avantages et ce troi-
« sième, c'est que les premiers ont trait à deux profits, tandis
« que le troisième se rapporte à un dommage que l'on écarte
« de soi-même ou d'autrui ; — de soi-même : car il ne laisse
« pas subsister dans l'esprit le moindre doute sur l'existence
« du fait, on n'a pas à se demander si le fait qu'on a avancé
« est bien vrai ; — d'autrui : car on met ainsi son prochain
« à l'abri du péché de mensonge et de la faute qu'il pour-
« rait commettre en ne disant pas tout ce qu'il sait, et en
« tombant dans la calomnie et le mensonge. »

Alinéa 12. — « **A moins qu'il ne s'agisse d'une marchandise présente et que vous vous passez de la main à la main ;
alors il n'y aura pas de faute si vous ne dressez pas d'écrit.** »

21. — D'après Razi, il s'agit ici des opérations qui se traitent au comptant. Voici comment s'exprime cet auteur : « L'ex-
« pression *à moins que* prête à diverses interprétations. On
« peut comprendre ce passage de la façon suivante. Si vous
« contractez des dettes, dressez-en un écrit, à moins que le
« délai ne soit court : tel est le sens des mots : marchandises
« se trouvant sous vos yeux. On peut aussi entendre autre-
« ment le passage, en le rattachant à la phrase précédente ;
« le sens serait alors : Ne dédaignez point de mettre une
« dette par écrit, à moins qu'il ne s'agisse d'une marchandise
« présente que vous vous passez de la main à la main ; il n'y
« a pas alors de péché pour vous à ne pas dresser un écrit. —
« C'est là un nouvel ordre d'idées. Dieu a apporté un cer-
« tain tempérament dans l'exigence de l'écrit et de l'appel
« aux témoins, quand il s'agit de ce genre de négoce, à cause
« de la fréquence de ces opérations ; car, s'il fallait les écrire
« ou les faire constater par témoins, il en résulterait une
« certaine gêne ; d'autre part, comme chacun des contractants

« reçoit immédiatement de l'autre l'équivalent de ce qu'il lui
« donne, il n'y a pas lieu de craindre que l'autre nie le droit,
« et par suite il n'y a plus d'utilité à établir un écrit ni à appe-
« ler des témoins. »

La plupart des commentateurs expriment, comme Razi,
l'avis qu'il est question dans ce passage des opérations au
comptant : dans ce sens, Rachid Rida, El Khatib, Baïdaoui,
Zamakhchari, Hakki, El Khazin, Elaloussi. Rachid Rida fait
à ce propos une remarque intéressante : la concession, dit-il,
que Dieu fait au principe pour ce genre de contrats (les contrats au comptant) est une preuve manifeste que l'écrit est
obligatoire pour les opérations à terme. El Khazin explique
que, par « marchandise présente que vous vous passez de la
main à la main », il faut entendre une opération ne comportant pas de délai.

Bien entendu, en cas d'échange réalisé immédiatement, les
conditions seraient les mêmes que pour une vente au comptant, et l'écrit ne serait pas davantage nécessaire : Rachid
Rida, Elaloussi. De même encore, lorsque le prix est constitué par la cession d'une créance : El Khatib, Baïdaouï,
Zamakhchari.

Alinéa 13. — « **Appelez deux témoins quand vous contractez
des ventes.** »

22. — La généralité des auteurs considèrent qu'il faut entendre ce passage en ce sens, que, s'il est permis de ne pas dresser d'écrit en cas de vente au comptant, cette tolérance ne
s'étend pas à l'appel de témoins, qui demeure nécessaire
même dans ce cas ; le texte devrait donc s'entendre ainsi, en
le combinant avec le passage précédent : Quand vous contractez au comptant, vous devez le faire en présence de témoins,
mais il n'est pas nécessaire de rédiger un écrit. Voici ce que
dit Razi à ce propos : « La plupart des commentateurs décla-
« rent que, si Dieu a dispensé de dresser un écrit quand il
« s'agit de marchandises (payées comptant), il n'a pas dis-
« pensé d'appeler des témoins (dans ce même cas d'opération
« au comptant), car l'appel de témoins, sans rédaction d'écrit,
« est une obligation légère. Il n'est point douteux que ce
« passage contient une invitation à se précautionner. »

Tabari formule le même avis dans les termes suivants :
« C'est comme si Dieu avait dit : Appelez des témoins pour
« constater les ventes que vous faites, quelle que soit la valeur
« des droits que vous vendez, et que l'opération soit à terme
« ou au comptant. J'ai toléré que vous ne dressiez pas d'écrit

« pour les ventes au comptant, mais cette tolérance ne va
« pas jusqu'à vous permettre de négliger d'appeler des
« témoins pour (toutes) les ventes que vous faites, car si
« vous n'appelez pas de témoins, on peut craindre des dom-
« mages pour les deux contractants, le vendeur ou l'acqué-
« reur pouvant nier l'opération. »

Dans le même sens encore : Rachid Rida, Zamakhchari, El
Khatib. Rachid Rida explique pourquoi l'écrit est nécessaire
en cas de vente à terme, tandis que l'appel de témoins suffit
pour les opérations au comptant : c'est que, dit-il, dans ce
dernier cas, le contrat ne sera jamais contesté, pratiquement,
que dans un court délai, tandis que les difficultés auxquelles
donnent lieu les dettes contractées naissent parfois après la
mort des témoins, ces obligations étant souvent à longue
échéance : c'est pourquoi l'écrit est obligatoire pour ce genre
de contrats.

Certains auteurs, toutefois, considèrent notre texte comme
s'appliquant à toutes les sortes de ventes, et non pas seulement aux ventes au comptant : en ce sens, Baïdaoui, Abou
Saoud.

La question de savoir si la prescription contenue dans ce
passage est une simple recommandation ou un ordre formel
est controversée ; la plupart des commentateurs se rangent
à la première opinion, notamment Hakki, Elhacen, El Khazin.
Mais Tabari et Dahhak sont d'avis qu'il y a là une prescription impérative ; ce dernier va jusqu'à enseigner qu'on doit
appeler des témoins même pour la vente d'un simple paquet
de légumes. Il est à peine besoin de faire ressortir ce qu'une
pareille interprétation a d'extrême et, pratiquement, d'inap-
plicable : ce sont là des idées de théoriciens. Il est d'ailleurs
un certain nombre de docteurs qui considèrent notre passage
comme ayant été abrogé par le verset 283 de la sourate II
(ci après alinéas 15 et suivants).

Alinéa 14. — « **Ne faites violence ni à l'écrivain ni au**
témoin23. **Si vous le faites, vous contrevenez aux ordres de**
Dieu24. **Craignez Dieu**25! **Dieu vous instruit**26! **Dieu sait tout!** »

23. — En arabe, la phrase que nous traduisons par : Ne faites
violence ni à l'écrivain ni au témoin, peut s'entendre de
deux façons : ou comme une injonction adressée à l'écrivain
et au témoin de ne pas faire violence au créancier, ou, au
contraire, comme une défense faite à ce dernier de nuire aux
deux autres. Voici sur ce point le commentaire de Razi : « On
« peut interpréter ce passage comme une défense faite à l'écri-

« vain et au témoin de faire violence au créancier : l'écri-
« vain, en ajoutant à l'écrit, ou en retranchant une partie de
« la dette, ou en négligeant de prendre les précautions vou-
« lues ; le témoin, en ne faisant pas sa déclaration, ou en la
« faisant d'une façon telle qu'elle serait inutile. — On peut
« encore le comprendre comme une défense au créancier de
« faire violence à l'écrivain ou au témoin, ou de les priver
« de leurs intérêts les plus importants. — La première inter-
« prétation a été adoptée par la plupart des commentateurs :
« Elhacen, Taous, Katada ; la seconde, par Ibn Messaoud,
« Atta, Modjahid. — Au point de vue grammatical, les deux
« interprétations sont possibles à cause du verbe يُضَارَّ,
« qui peut avoir l'écrivain ou le témoin comme agent ou
« patient, car on peut le lire à l'actif ou au passif, de sorte
« que l'écrivain comme le témoin peuvent faire ou subir l'ac-
« tion. On trouve, au verset 233 de cette même sourate, l'em-
« ploi du même mot avec le sens passif, dans ce passage :
« « Que la mère ne soit pas lésée à cause de son enfant. » —
« La possibilité de comprendre le passage qui nous occupe
« des deux manières différentes est prouvée par ce fait que
« le khalife Omar écrivait notre mot à l'actif en plaçant le
« signe particulier de cette conjugaison, sans contracter les
« deux dernières lettres (يُضَارِرْ), alors qu'Ibn Abbès
« l'écrivait au passif en traçant le signe du passif et sans con-
« tracter non plus les deux dernières lettres (يُضَارَرْ),
« — Zedjdjadj a adopté la première interprétation et cite à
« l'appui de sa thèse la suite du passage : Si vous le faites, vous
« contrevenez aux ordres de Dieu ; et ce crime, dit-il, est l'acte
« commis par l'écrivain qui altère l'écrit, par le témoin qui
« refuse de témoigner, ce qui fait perdre le droit ; et il est
« plus logique de l'attribuer à ceux-ci qu'à la personne qui
« pourrait nuire à l'écrivain ou au témoin ; car Dieu a dit :
« Quiconque refuse de déposer et garde son témoignage, com-
« met un péché. A l'appui de la seconde interprétation, on
« fait valoir comme argument que, si cette phrase s'adres-
« sait à l'écrivain et au témoin, le texte porterait : Si vous le
« faites (au duel). Or, le verbe est au pluriel : le discours
« s'adresse donc à ceux qui contractent des obligations actives
« ou passives (1), c'est donc à eux qu'il est défendu de por-
« ter préjudice à l'écrivain et au témoin. »

---

(1) Par conséquent, aux deux parties contractantes, tant débiteur que
créancier.

En somme, la première interprétation aboutit à ceci : il est défendu à l'écrivain et au témoin de léser le créancier. Il semble qu'il y ait un argument de bon sens pour permettre de présumer que ce n'est pas là le véritable sens du texte : à savoir que, dans ce cas, l'écrivain sacré n'aurait sans doute pas manqué de leur défendre aussi de léser le débiteur, et avec plus de raison encore, ce dernier étant généralement beaucoup plus exposé que le créancier à voir ses droits compromis et ses intérêts sacrifiés. Il nous paraît donc que c'est plutôt la seconde interprétation qui doit être adoptée.

El Khazin, comme Razi, explique que le verbe يُضَـارّ peut être lu à l'actif ou au passif, de sorte qu'on peut, à volonté, comprendre le passage soit comme un ordre au témoin et à l'écrivain de ne pas refuser d'écrire ou de témoigner, de ne pas mentir et de ne pas altérer l'écrit ni le témoignage, soit comme un ordre aux contractants (aux deux parties, et non pas au seul créancier), de ne pas faire violence à l'écrivain ou au témoin. D'après lui, la première interprétation est la meilleure.

El Djelalaïn, Abou Saoud, et Hakki admettent les deux leçons sans opter pour aucune.

Rachid Rida admet la seconde interprétation, — celle que nous proposons plus haut, — et s'exprime à ce sujet dans les termes ci-après : « Le sens de ce passage, c'est l'ordre intimé « aux contractants de ne pas nuire à l'écrivain ni au témoin « en les obligeant à laisser leurs affaires pour dresser l'écrit « et constater le fait dont le témoin doit déposer, ou à ac- « complir, sans rémunération, un acte qui leur coûte « une certaine peine. Le sens qui vient à l'esprit, à la lec- « ture de ce passage, est la défense faite aux contractants de « nuire à l'écrivain et au témoin. Irait-on jusqu'à dire que « ce texte koranique constitue une indication pour donner « à l'écrivain et au témoin une rémunération pour le déran- « gement qu'on leur occasionne? La chose n'est pas éloignée « de la vérité. »

24. — « Si vous le faites, vous contrevenez aux ordres de Dieu » : cette phrase, dit Razi, peut être rattachée à ce qui précède ; on peut aussi lui attribuer un sens général et la rattacher à toutes les défenses qui sont énumérées dans le Koran.

25. — « Craignez Dieu » : Razi fait au sujet de ce passage les mêmes remarques que celles reproduites ci-dessus sous le n° 24.

26. — « Dieu vous instruit » : aussi bien, dit Razi, en ce qui concerne ce bas monde, en vous donnant des avis et en vous indiquant des précautions utiles, que pour ce qui touche le monde futur : car Dieu sait tout.

VERSET 283

Alinéa 15. — « **Si vous êtes en voyage et si vous ne trouvez pas d'écrivain, que des gages soient livrés.** »

27. — « Dans ces versets (282 et 283), dit Razi, Dieu a « divisé les ventes en trois catégories : la vente constatée « par écrit et par témoins ; celle sur gage perçu, et enfin la « vente dans laquelle on s'en remet à la foi du vendeur et « de l'acquéreur. A la fin du verset précédent (282), Dieu a « ordonné de dresser un écrit et d'appeler des témoins pour « constater les contrats dont il est question ; mais, dans « les voyages, il est parfois difficile de se conformer à ces « prescriptions, soit parce qu'on ne trouve pas d'écrivain, soit « parce que, même si on a un écrivain sous la main, les « objets nécessaires pour écrire peuvent faire défaut. C'est « pourquoi Dieu a alors indiqué un nouveau mode de sûreté, « à savoir la constitution d'un gage. C'est même là une pré- « caution bien plus sûre que la rédaction d'un écrit et l'ap- « pel de témoins. » Le même auteur explique ensuite comment, peu à peu, on en est venu à étendre davantage le pré- cepte : « Les jurisconsultes sont d'accord aujourd'hui pour déclarer qu'il y a lieu d'admettre la constitution de gage en voyage ou en station (1), même quand on a sous la « main un écrivain. Moudjahid décidait que la constitution « de gage n'était admise qu'en voyage seulement, se basant « en cela sur le sens explicite (2) de la phrase : mais sa leçon « n'est plus suivie de nos jours. On n'a, en effet, employé « ici le mot de voyage que parce que c'est en voyage qu'on « a le plus souvent recours à ce procédé. » Razi déclare enfin que la constitution en gage de droits indi- vis n'est pas licite, en raison de ce que leur propriétaire ne peut s'en dessaisir : or, la mise en possession est de l'essence du gage. Tous les auteurs, d'ailleurs, sont d'accord pour déci- der que le contrat de gage n'est parfait que par la remise de

---

(1) Par « en station », il faut entendre, non pas l'arrêt momentané, sur un point ou dans une localité donnée, de gens qui accomplissent un voyage, mais bien la situation des personnes qui ne sont pas en voyage. Les deux expressions : en voyage, et en station, sont opposées l'une à l'autre.

(2) C'est-à-dire la lettre même du Koran.

la chose au créancier : toutefois, El Khazin fait remarquer
que si le débiteur ne consent pas à livrer le gage, on ne peut
l'y obliger (1) : mais s'il a livré le gage, il se trouve engagé
et il ne peut obtenir la restitution du gage avant de s'être
intégralement libéré.

Rachid Rîda, comme Razi, estime que le contrat de gage
est permis même en dehors du cas de voyage, et même si on
a un écrivain sous la main ; il ajoute que cette leçon est
enseignée par la presque unanimité des auteurs, et rappelle,
à l'appui, que le Prophète engagea sa cuirasse à un juif de
Médine. Zamakhchari exprime le même avis ; pour lui, si
le texte sacré n'envisage que le cas de voyage, c'est uniquement à titre d'exemple, et parce que c'èst en pareille cir-
constance qu'on est le plus exposé à manquer d'écrivain et
de témoins. Même raisonnement chez Djordjani, qui ajoute
que, selon Malek, en cas de discussion sur le montant de
la dette, celle-ci est présumée être de la valeur du gage, con-
trairement à l'opinion de Chafaï, qui décide qu'on doit s'en
rapporter à la déclaration du débiteur. — Baïdaoui, El Khatib,
Abou Saoud, El Khazin, Hakki, considèrent aussi que l'hy-
pothèse du voyage est donnée uniquement à titre d'exemple.

Certains auteurs, toutefois, interprètent strictement le texte
et enseignent que la constitution de gage n'est permise qu'à
la double condition qu'on se trouve en voyage et qu'on n'ait
pas d'écrivain sous la main. Tels sont Moudjahed, Dahhak,
Tabari. Ce dernier jurisconsulte va même plus loin et exige
en outre qu'on ne puisse pas trouver d'écrivain ni de témoin.

Remarquons que, d'après Malek, le simple accord des parties suffit pour la validité du contrat, sans que la tradition
du gage soit nécessaire. Chafaï est du même avis : mais, alors
que Malek enseigne que la tradition parfait le contrat et que
le débiteur gagiste est tenu de l'effectuer, Chafaï déclare qu'il
n'est pas astreint à cette obligation.

De ces conceptions différentes découlent des conséquences
également différentes. C'est ainsi que, d'après Chafaï, si les
parties sont d'accord sur l'existence de la tradition, et que
les créanciers du débiteur gagiste veuillent se faire payer sur
la chose, le créancier gagiste est investi d'un privilège sur
celle-ci, ne fût-il pas en possession. Selon Malek, au contraire,
le créancier gagiste ne peut invoquer son privilège que si
des témoins viennent affirmer qu'ils ont assisté à la remise
du gage entre ses mains, sans quoi le créancier et le débi-

______

(1) Ce passage n'est pas très clair. Si on ne peut obliger le débiteur gagiste
à livrer le gage, on se demande à quoi sert la constitution de gage.

teur gagistes pourraient se concerter pour frustrer les autres
créanciers ; d'où il suit, dans ce système, que la constitution
de gage n'est valable, au regard des tiers, que si la tradition a
eu lieu en présence de témoins.

Mêmes divergences entre les deux grands docteurs au sujet
de la possession de la chose au cours du contrat: Malek sti-
pule que le gage doit toujours rester entre les mains du créancier ; si, pour un motif quelconque, le débiteur rentre en
possession du gage, par exemple par suite du dépôt, du prêt
ou de la location que lui en aurait fait le créancier, celui-ci
perd son privilège, de telle sorte que si les autres créanciers
viennent réclamer leur dû pendant que le gage se trouve ainsi
aux mains du débiteur, ils viendront au marc le franc, sur
la valeur du gage, avec le créancier gagiste. Ce système trouve
un argument dans le sens de la racine du mot *rahn*, qui veut
dire être durable, durer : il se peut que la signification de ce
mot ait servi de base à Malek pour édifier sa théorie en ce
qui concerne la possession de la chose par le créancier pendant toute la durée de la dette. — Chafaï, au contraire, n'exige
pas que la chose demeure aux mains du créancier gagiste
pendant toute la durée du contrat, et il permet au débiteur
de jouir de la chose, même contre le gré du créancier (à
moins que la jouissance ne s'exerce de façon à porter préjudice au gage), sans que cela influe en rien sur la validité du
contrat (1).

Alinéa 16. — « **Si vous avez mutuellement confiance en
vous, que celui en qui on a eu confiance restitue ce qu'on lui
a confié. Qu'il craigne Dieu son Seigneur !** »

28. — Il est ici question, dit Razi, de la troisième catégorie de ventes (voir ci-dessus n° 27), à savoir celle dans laquelle
on s'en remet à la foi des parties, c'est-à-dire la vente dans
laquelle il n'y a ni écrit dressé, ni témoins appelés, ni gage
constitué.

« Si vous avez mutuellement confiance en vous », dit le
texte : c'est-à-dire, explique Razi, si le créancier ne craint pas
de voir le débiteur nier la dette. « Que celui en qui on a
eu confiance restitue ce qu'on lui a confié » : c'est-à-dire, que
le débiteur paye sa dette et justifie ainsi la confiance que le
créancier a mise en lui. « Qu'il craigne Dieu son Seigneur » :
qu'il ne nie pas la dette et qu'il la rembourse fidèlement à

---

(1) C'est dans Djordjani que nous puisons ces détails sur les divergences
entre l'enseignement de Malek et celui de Chafaï au sujet du gage.

l'époque convenue ; le créancier a bien agi à l'égard du débiteur en n'exigeant ni écrit, ni témoins, ni gage, et le débiteur doit le payer de retour. « Selon une autre leçon, ajoute « Razi, le discours s'adresserait non pas au débiteur, mais « au créancier gagiste, et aurait pour but de l'exhorter à res- « tituer le gage dès qu'il a été remboursé, car le gage est « un dépôt qui lui a été confié : mais la première interpréta- « tion est la bonne. »

« Certains auteurs, dit encore le même jurisconsulte, sou- « tiennent que ce passage abroge le verset précédent, qui « déclare obligatoire l'écrit, l'appel aux témoins, et la cons- « titution de gage : mais considérer un verset comme abrogé « sans preuve formelle constitue une erreur. La vérité est « que les ordres que contient le verset précédent (282) doi- « vent être interprétés comme de simples indications, des « précautions que l'on conseille de prendre ; et le verset qui « nous occupe (283) doit être considéré comme apportant un « certain tempérament aux règles contenues dans le verset « 282. » — Ibn Abbès exprime également l'avis que le ver- set 282 ne renferme aucune disposition abrogée. Il en est de même de Rachid Rida, qui fait remarquer que les deux ver- sets ont été révélés simultanément : on ne comprendrait donc pas qu'un précepte enseigné en termes aussi formels que ceux qu'emploie le verset 282 soit abrogé par une simple phrase liée au verset précédent par la préposition conjonc- tive *si*.

El Khazin et les autres commentateurs interprètent comme Razi le passage qui nous occupe : le débiteur doit, par sa bonne foi et sa fidélité à s'acquitter au terme convenu, jus- tifier la confiance que le créancier a mise en lui.

D'après Dahhak, notre passage n'est applicable qu'au cas où l'on est en voyage : mais si on se trouve dans une ville et qu'on puisse se procurer un écrivain, il n'est licite ni de constituer un gage, ni de s'en remettre à la foi de son débi- teur. Rachid Rida conteste expressément cette interprétation.

Alinéa 17. — « **Ne célez point le témoignage ; celui qui le cèle a le cœur corrompu. Dieu sait ce que vous faites !** »

29. — « D'après El Kaffal, dit Razi, voici quel est le sens « de ce passage. Dieu a permis de renoncer à l'écrit, à l'ap- « pel des témoins et au gage quand le créancier pense que le « débiteur est sûr : mais il peut arriver que ce dernier « trahisse la confiance du créancier et nie la dette « Dieu ordonne alors aux personnes qui peuvent avoir con-

« naissance du contrat de ne pas céler le témoignage, — sous
« peine de commettre ce qui est qualifié de *péché de cœur*, —
« sans qu'elles aient à s'occuper de savoir si le créancier sait ou
« ignore que des faits l'intéressant sont à leur connaissance.
« A l'appui de cette interprétation, on rapporte le hadit sui-
« vant : Le meilleur des témoins, c'est celui qui dépose avant
« d'en avoir été requis. On entend aussi ce passage d'une
« façon différente, d'après laquelle céler le témoignage, ce
« serait nier savoir un fait qu'on connaît, ou refuser de ren-
« dre témoignage au moment voulu. »

D'après Rachid Rida, le passage s'adresse aux témoins :
précédemment (ci-dessus alinéa 9), on leur avait ordonné de
ne pas refuser de prendre en charge le témoignage ; ici, on
leur défend de céler le témoignage ; c'est une façon d'appuyer
davantage sur le même précepte. De même Dieu a ordonné à
l'écrivain d'écrire, après lui avoir défendu de refuser son
ministère (*supra*, alinéa 3). « Les plus grands des péchés, dit
« Ben Abbès, sont d'adjoindre à Dieu une divinité, de faire
« un faux témoignage et de céler le témoignage. »

Selon Baïdaoui et El Khatib, notre passage s'adresse aux
témoins et au débiteur, ce dernier étant considéré comme
témoignant contre lui-même.

Pour Tabari, ce discours s'adresse aux témoins, ou au débiteur et au créancier ; il leur dit : « Les témoins appelés ne
« doivent pas refuser de répondre à l'appel qui leur est
« adressé. O témoins, ne célez point votre témoignage devant
« les autorités lorsque vous avez constaté un fait ; dites bien
« ce que vous avez vu ; faites plus : répondez à l'appel de
« de la partie intéressée en faisant votre témoignage contre
« son adversaire pour établir son droit devant l'autorité qui
« doit rendre la justice. Dieu dit au témoin ce qui résultera
« pour lui du fait de céler le témoignage ou de ne pas faire
« sa déclaration quand il en est requis : il a le cœur cor-
« rompu, dit-il.

« Les exhortations contenues dans ce passage s'adressent
« alors aux tiers qui, par aventure, auraient connaissance
« de l'existence de la dette : ces personnes doivent apporter
« au créancier l'appui de leur témoignage, et Dieu leur en
« saura gré. »

Ouvrages édités par la Maison A. JOURDAN

ESTOUBLON et LEFÉBURE.— **Code de l'Algérie annoté:**
  1830-1895. — 1 vol. grand in-8°, relié.......... **50** francs
  1896-1905. — 1 vol. grand in-8°, relié.......... **40** —
  Supplément annuel, l'un....................... **3** fr. **50**

Collection complète de la Jurisprudence algérienne,
depuis la conquête jusqu'en 1910. — 43 volumes in-8°. **764** francs

BRIVES. — **Voyages au Maroc.** 1901-1907, av. cartes. In-4°. **20** fr,

CHARPENTIER; I. ✿. — **Précis de législation algérienne et tunisienne.** In-8°....... .. **7** fr. **50**

DAIN (A.). **Étude sur la naturalisation des étrangers en Algérie.** In-8°............ **1** fr.
Du conflit du titre de propriété. In 8°........ .... **1** fr.
Le système Torrens. De son application en Tunisie et en Algérie. In-8°. .... **3** fr. **50**

DEPONT (A.) et COPPOLANI (X.). — **Les Confréries religieuses musulmanes.** In-4°, carte. **25** fr.

EUDEL, I. ✿. — **L'Orfèvrerie algérienne et tunisienne,** illust. de chromos, gravures hors texte et dans le texte. In-4°..... **25** fr.

FAGNAN (E.), I. ✿. — **Histoire des Almohades** d'Abd el-Wâh'id Merrâkechi. In-8°..... **7** fr. **50**
Mariage et répudiation, traduction avec commentaires (Sidi Khalil). In-8°............ **5** fr.
Alger au XVIII° siècle, par Venture de Paradis. In-8°.: **3** fr. **50**
Annales du Maghreb et de l'Espagne de Ibn El-Athir. In-8° **10** fr.

FRANCE DE TERSANT (R. DE). — **Essai théorique et pratique du Système Torrens. 2** fr. **50**

LARCHER. — **Code Tunisien des obligations et des contrats,** avec les décrets du Bey du 15 décembre 1906 et du 30 juin 1906, accompagné d'observations critiques. In-8°........ .... **5** fr.
Code Tunisien de Procédure civile, avec le décret du Bey du 24 décembre 1910, accompagné d'observations critiques. **2** fr. **50**

Traité de législation algérienne, 3 vol. in-8°..... **30** fr.

LUCIANI, ✿. — **Chansons kabyles.** In-8°................... .... **2** fr.
El-H'aoudh, manuscrit berbère. In-8°.... .... **4** fr

MASSIGNON. — **Le Maroc** dans les premières années du XVIII° siècle. 1 vol. in-4°..... ..... **7** fr. **50**

MERCIER (E.), ✿. — **La condition de la femme musulmane dans l'Afrique septentrionale. 2** fr.
Le Hobous ou Ouakof, ses règles et sa jurisprudence....... **3** fr.

MORAND.— **Étude de droit musulman algérien.** In-8°. **12** fr. **50**

NORÈS. — **Essai de codification du droit musulman algérien,** *Statut personnel.* In-8°. **7** fr. **50**

PELTIER. — **Le livre des testaments du « Çahih » d'El-Bokhari.** Traduction avec éclaircissement et commentaire... **4** fr.
Le livre des ventes...... **4** fr.

POUYANNE (M.). — **La propriété foncière en Algérie....** **15** fr.

RINN (Louis), O. ✿, I. ✿. — **Marabouts et Khouan.** In-8°, avec carte.............. ... **15** fr.
Histoire de l'insurrection de 1871 en Algérie. In-8°. **15** fr.
Régime de l'indigénat. 2 fr. **50**
Le séquestre et la responsabilité collective... **2** fr. **50**
Le royaume d'Alger sous le dernier Dey............ **6** fr

ZEYS (E.), ✿, I. ✿. — **Législation mozabite.** Son origine, ses sources, son présent, son avenir **2** fr.